LIBERTAD Y LÍMITES.
AMOR Y RESPETO

Rebeca Wild

Libertad y límites. Amor y respeto

Lo que los niños necesitan de nosotros

Traducción de
Cristina Arranz García

Herder

Título original: Freiheit und Grenzen – Liebe und Respekt

Diseño de la cubierta: Arianne Faber

© *2003, Beltz Verlag, Weinheim, Basilea y Berlín*

© *2006, Herder Editorial, S.L., Barcelona*

1ª edición, 3ª impresión

ISBN: 978-84-254-2485-4

Imprenta: Liberdúplex

Depósito legal: B-13.430-2010

Printed in Spain - Impreso en España

Herder

www.herdereditorial.com

ÍNDICE

PRÓLOGO

Cuando hablo por primera vez con alguien sobre el tema de una «educación libre», lo más común es que enseguida surjan objeciones más o menos apasionadas sobre la «necesidad de límites». Pero las preguntas sobre este tema tampoco disminuyen cuando los padres o cuidadores se aventuran a dar sus propios pasos hacia un trato respetuoso con los niños. Más bien al contrario: en sinnúmero de situaciones nuevas y en cada nueva etapa de desarrollo asoman también nuevas dudas e incertidumbres.

Para nosotros –adultos que a menudo hemos sido educados y restringidos por límites– no es fácil comprender que en realidad los límites pueden tener la función de definir un espacio en el cual se puede actuar con independencia y libertad y en el cual se pueda dar un verdadero desarrollo humano. Pero en la medida en que logramos hacer esta distinción, nos damos cuenta de que los límites no definen el ser del otro, sino –por el contrario– sirven para mantener el entorno relajado, de manera que todos –niños y adultos– se sientan cómodos en él, vivan nuevas experiencias gracias a la toma de decisiones personales y aprendan a diferenciar entre necesidades auténticas y sustitutivas.

Las vivencias que tenemos en este entorno relajado, poco a poco van reduciendo las contradicciones que aparentemente existen entre libertad y límites y nos abren los ojos para ver que estos dos conceptos, «libertad y límites», están íntimamente relacionados con otros dos conceptos, es decir, «amor y respeto».

Con asombro comprobamos cómo para los adolescentes y los adultos jóvenes que han recorrido este camino con nosotros, libertad y límites, amor y respeto son algo concreto y resultan tan obvios y naturales como el agua para los peces. Con cierta envidia vemos que ellos son capaces de poner límites de forma natural, espontánea, afable y respetuosa, mientras que nosotros, los adultos, muchas veces entorpecemos nuestro propio desarrollo con nuestras dudas.

Últimamente el Centro Educativo Pestalozzi, que es el escenario del libro *Libertad y límites. Amor y respeto,* –debido al entorno que nos rodea– ha tenido que afrontar situaciones difíciles, ha tenido que poner los límites correspondientes y tomar decisiones drásticas. Los cambios socioeconómicos que desde hace algunos años ha sufrido Ecuador han hecho cada vez más difícil garantizar que el trabajo iniciado hace veintiocho años mantenga su coherencia. Cada vez menos padres han podido cumplir con sus responsabilidades para con sus hijos en el hogar y así contrarrestar el deterioro de la calidad de vida cada vez más generalizado en el país. Además, ya muy pocos padres han podido hacer sus contribuciones necesarias para el mantenimiento del trabajo.

Frente a esta situación, en julio del 2005, el Pesta* que –a pesar de ser un pensionado– era como un «segundo hogar» para ciento ochenta niños y jóvenes, fue cerrado como «escuela alternativa». Desde entonces los esfuerzos de la Fundación Educativa Pestalozzi se están concentrando en la construcción de un proyecto integral con nuevas estructuras de convivencia, con la meta de proteger a los padres de las presiones que les impiden dedicarse adecuadamente a sus hijos y así evitar que tengan que delegar esta responsabilidad en una escuela, aunque ésta sea «alternativa».

Me alegra saber que gracias a la presente versión española de *Freiheit und Grenzen − Liebe und Respekt (Libertad y límites. Amor y respeto),* las experiencias y reflexiones que durante tantos años nos han acompañado en el «Pesta» van a ser accesibles para un círculo más amplio de personas que sienten que este tema es de interés en las circunstancias de su propia vida.

Rebeca Wild

---

* Abreviatura de Pestalozzi y apodo del proyecto de jardín de infancia y de escuela de los Wild en Ecuador. [*N. del E.*]

LÍMITES Y ENTORNO PREPARADO

—¿No has pensado nunca escribir una novela de verdad?

Hace poco uno de nuestros invitados me sorprendió con esta pregunta a modo de saludo matinal cuando me encontraba exprimiendo naranjas para el desayuno.

Preocupada por no perder la concentración durante mi rutina de la mañana respondí con aire distraído:

—¿Una novela? ¿Por qué iba a escribir una novela?

—He leído en la cama tu primer libro, *Educar para ser*. Y he pensado que si has sido capaz de tratar un tema tan árido como la educación con tanta vivacidad, ¿no te atraería la idea de adornar tus vivencias con fantasía y del resultado sacar una novela?

¿Y por qué no? La idea empezó a tomar forma en mi mente entre el desayuno y la comida. Sería algo completamente distinto al sinfín de tareas que, visto lo visto, aun tras veinte años de Pesta, no puede decirse que sean menos que al principio: trabajar permanentemente en el entorno preparado* constituye la base de una educación alternativa; acompañar a los niños y a los adolescentes en sus actividades; charlas con las familias, reuniones de padres, asambleas de profesores, cursos, seminarios, economía alternativa, excursiones en bicicleta; sin olvidar los asuntos domésticos, los intereses personales, ese constante deseo de estar en todos los sitios... ¡Una novela! ¿No podría conjurar el pasado, encantarlo junto con el presente y con el futuro, y crear nuevos espacios y vínculos?

En ese momento, la familia se sentó a desayunar. Tenía que darme prisa para ir a la entrada de la escuela antes de que llegaran los auto-

---

* Término que utiliza la autora para referirse a un entorno adaptado especialmente a las necesidades auténticas de un niño. [*N. del E.*]

buses y estar allí para recibir a los niños. En cuanto el lugar se llenó de sus saludos, preguntas, llamadas y de su búsqueda de actividades, volví a centrarme en mi ocupación. Observé cómo los niños, rodeados por nuestro soberbio paisaje andino, construían con devoción aviones de madera de balsa, cómo después los de primaria hacían las pruebas de vuelo desde la torre de seis metros, desde el borde de la quebrada. Era testigo de cómo construían sus «clubes» y casas en los árboles entre plantas de agave utilizando para ello tablones viejos, neumáticos y otros materiales de desecho. Veía cómo a lo largo de una mañana aprovechaban a fondo todo el espacio y todas las oportunidades, cómo repartían su tiempo con autodeterminación, cada uno a su ritmo, entre actividades tranquilas y agitadas, exigentes y relajantes. También aquella mañana, después de tantos años, volvía a sorprenderme la viveza de los niños. Entonces se desvaneció toda duda: ¿qué necesidad tenía de inventar una novela, si ésta transcurría cada día ante mis propios ojos?

¿No es bastante novela que los niños —siempre que sus padres se lo permitan, y siempre que ellos así lo deseen— puedan ser niños de verdad? ¿Que ellos, al revés que en casi todo el mundo, tipificados y adaptados a aquello que los adultos consideran «por su bien», puedan saber día a día lo que significa «dedicarse con cuerpo y alma» a crecer con sus propias aventuras, juegos, proyectos e ideas, con sus propias alegrías y sufrimientos?

Cuando hablé por última vez de estos niños —en mi libro *Kinder im Pesta* [Niños del Pesta]— tuve la sensación de que ya había dicho lo suficiente sobre nuestra experiencia en educación alternativa. Pero ahora tengo nuevos motivos para dedicar especial atención a un aspecto de nuestra relación con los niños. Sin duda alguna, el primero de ellos es que hoy en día, tras veinte años de Pesta y tras inagotables reflexiones, vemos la relación existente entre libertad y límites con más claridad que entonces.

Otra razón que me lleva a escribir es el enfrentamiento continuo a situaciones concretas que requieren constantemente nuevas posturas, pero que al mismo tiempo procuran nuevas comprensiones. En efecto, no hay una asamblea de profesores, una conversación con familiares o una reunión de padres que tengan relación con el jardín de infancia, con la primaria o con los adolescentes, donde no se plantee la problemática de la marcación de límites. Observamos este mismo fenómeno en cada uno de los seminarios que celebramos con adultos que no pertenecen al Pesta. Así es como creció en mí la necesidad imperiosa de tratar una vez más este tema, pero ahora de forma más minuciosa que en ocasiones anteriores.

La lectura del libro de Jan-Uwe Rogge *Kinder brauchen Grenzen* [Los niños necesitan límites] fue un aliciente más para mi propósito, ya que refleja el enorme desamparo en que se encuentran los adultos que buscan nuevas vías contrarias a los modelos de educación tradicionales y, cansados de experimentar sin ton ni son, preferirían regresar a las antiguas pero seguras normas. Obviamente, este libro ofrece información práctica sobre cómo los padres y los profesores encuentran una vía entre los métodos autoritarios y los antiautoritarios para de este modo ahorrarse a ellos mismos, y en consecuencia también a los niños, un derroche de energía y unos nervios destrozados. El autor muestra con convencimiento que es preciso poner límites a los niños para que puedan crecer rodeados de cierta paz. Y cuando los padres se atreven a comportarse con ellos con claridad y respeto, obtienen un beneficio que favorece a todos aquellos que intervienen en una situación. No obstante, cuando terminé el libro, me invadió una desagradable sensación. No basta con marcar unos límites, y el alivio que se experimenta por la osadía de hacerlo sólo será pasajero si no tomamos conciencia de la problemática real y nos enfrentamos a ella. Esta problemática tiene dos caras y en último término sólo podrá mitigarse o disiparse si tenemos ambas en consideración.

El primer problema, que aunque no es nuevo no deja de tener hoy en día graves repercusiones, es el hecho de que apenas existen entornos adecuados para los niños que están creciendo, y que éstos se ven cada vez más limitado por el «progreso». Por desgracia existen pocos indicios de que esta circunstancia sea considerada como un problema básico para un desarrollo sano de los seres humanos. Aun así, es cierto que nos rodea cierta añoranza por los viejos tiempos en los que todavía quedaba sitio para jugar en la naturaleza o en los que los niños podían estar en las calles de ciudades y pueblos sin prácticamente peligro alguno. Y con toda seguridad, en algunos lugares sigue considerándose la idea de proyectar estos espacios vitales para niños en algunas poblaciones. Pero si observamos el conjunto de la

13

situación, estos ejemplos no son más que un grano de arena en el desierto de una civilización que pone a disposición recursos exorbitantes para carreteras, fábricas, oficinas, etcétera, mientras que apenas se preocupa de lo que necesitan las personas que están creciendo para que puedan darse procesos de desarrollo realmente humanos.

Esta situación precaria no hace referencia únicamente a las barriadas del Tercer Mundo donde reinan situaciones indignas para el ser humano. Ni a los bloques de viviendas de los llamados países «desarrollados», donde las personas que habitan los pisos inferiores apenas reciben el calor del sol, donde niños con caras pálidas andan desalentados por la acera de carreteras transitadas y, visto el panorama, prefieren volver a su casa para sentarse delante del televisor.

Incluso allí donde «realmente se hace algo por las personas» —en los agradables barrios peatonales, en los parques llenos de flores, en los parques infantiles, en las zonas verdes y en las urbanizaciones destinadas a familias—, ¿qué puede encontrarse allí que realmente fuera indicio de una conciencia cada vez mayor por un entorno *adecuado* para niños y adolescentes? En el mejor de los casos, no sería más que un pequeñísimo comienzo si nuestra generación realmente viera una prioridad en crear entornos adecuados para las personas que se encuentran en período de crecimiento. Hasta que este punto no adquiera un valor muy distinto, no se apreciará que estos débiles intentos, a lo sumo, pueden compararse con el «entorno preparado» de aquellos automóviles que circulaban por Europa hace cincuenta años cuando apenas se tenía una remota idea sobre cómo serían los coches del futuro. En todo caso, eso significa que también alternativas como el Pesta, donde desde hace muchos años se trabaja de forma consciente en un entorno preparado para niños, siguen estando «en pañales», y nosotros, por nuestra parte, no debemos permitir que nuestro limitada capacidad de imaginación represente un obstáculo para crear nuevas posibilidades.

Pero ¿no es injusto el rencor que muestro aquí hacia nuestra civilización? ¿Acaso no he sido testigo del avance prometedor que atañe a la construcción de jardines de infancia y de escuelas? Las ventanas amplias, las paredes de colores, el mobiliario cómodo, las moquetas y los materiales caros dedicados al juego y a la enseñanza. ¿O es que no sé reconocer la buena voluntad de las organizaciones de ayuda internacionales que apoyan la construcción de escuelas incluso en aldeas de la selva virgen o en remotos valles montañosos de países «subdesarrollados»?

¿Realmente tienen que sentirse agradecidos los hijos de los indios de los Andes porque en lugar de acompañar a sus padres al campo, al pastoreo o a realizar trabajos para la comunidad, pueden sentarse en bancos de escuelas hechas de cemento con tejado de amianto (que tienen el mismo aspecto en todo el país) para poder repetir lo que un profesor dice de memoria o leyendo en voz alta de un libro? ¿Se convertirán así en personas perfectamente válidas? ¿No estarán siendo criados para una sociedad en la que se valora más la adaptación que la consideración de los procesos humanos de desarrollo?

No obstante —al menos así se nos vende—, ¿no deberíamos alegrarnos de que los políticos y las organizaciones de ayuda ofrezcan a las mujeres la posibilidad de dejar a sus hijos lo antes posible en guarderías o en instituciones de custodia similares para de este modo no perder el contacto con los ingresos económicos, con la vida laboral ni con su autorrealización? ¿No supone un avance el hecho de que cada vez haya más especialistas dedicados de forma particular a niños que presentan todo tipo de dificultades? ¿Y no poseen muchos de ellos entornos artificiosamente preparados creados para sus clientes en los que en ocasiones hasta pueden jugar con libertad?

Lo que no quiero es criticar todos estos logros y pintar de un color lo más gris posible las condiciones que imperan actualmente en el crecimiento de los niños. Sería muy fácil afrontar estas críticas con todas las mejoras positivas que ha logrado la «época del niño» durante este siglo, al menos en algunos lugares del planeta: que ya no se pueda abusar de niños en trabajos esclavos; que ya no puedan ser maltratados de forma ilimitada —al menos al amparo de la ley—; que se hayan establecido sus derechos, al menos sobre el papel, por ejemplo, el derecho a una educación adecuada.

No quiero entretenerme más en describir cómo abusan de estas mejoras todo tipo de intereses contrarios. Por ejemplo, la industria alimentaria abusa del derecho a una alimentación adecuada utilizando todos los trucos psicológicos para hacer de los niños sus clientes. O la industria del juguete y los medios de comunicación abusan del derecho a jugar y a distraerse mediante la publicidad que emiten. Y no en último término, la fatal tergiversación del derecho a la educación por unos métodos de enseñanza y por una obligación escolar muy ampliada que ponen estos conocimientos al servicio de una adaptación libre de toda resistencia, y eso si es que se tienen en cuenta los procesos interiores de aprendizaje.

He citado todas estas circunstancias sólo por encima porque sencillamente no podemos hacer como que no existen. Pero al menos me gustaría intentar mostrar que todo esto puede ser muy distinto. Como a menudo se nos reprocha, puede que se trate de la descripción de una utopía que contrasta con la «cruda realidad» del mundo actual. Por tanto, realmente, un tipo de novela —para muchos, en el mejor de los casos, una novela futurista— que ya ha comenzado a desarrollarse en algunos lugares de nuestro mundo actual. Esta novela trata de un mundo donde los intereses económicos, el poder de los más fuertes sobre los más débiles y la lucha por obtener las mejores oportunidades no son los encargados de repartir los papeles, sino un mundo donde lo primordial es crear un entorno adecuado en el que las personas puedan experimentar la empatía y la solidaridad como cualidades principales.

Este tipo de entorno debe cumplir dos condiciones básicas que en el concepto de educación, aún válido en la actualidad, no suelen estar relacionadas. El nuevo paradigma se basa en el respeto por los procesos de vida y de desarrollo auténticos que resultan de la interacción entre organismos y su entorno. No obstante, el elemento central, y para nosotros el más crítico, es el hecho de que este tipo de interacción debe establecerse y ser guiada desde el interior si se quiere lograr auténticos procesos de desarrollo.

Si nos mostramos de acuerdo con este principio básico, entonces resultan unas perspectivas sorprendentes, por ejemplo, que «los organismos vivos nunca pueden estar en relaciones instructivas», según afirman Humberto Maturana y Francisco Varela en su obra *El árbol del conocimiento*. Al mismo tiempo queda claro que tanto los resultados deseados como los no deseados que se obtienen durante el proceso de desarrollo dependen tanto de la calidad como del estado del entorno, y la imperfección de dicho entorno lamentablemente no puede repararse con enseñanzas inteligentes y bienintencionadas.

Este conocimiento básico de procesos de desarrollo implica una paradoja aparente. Por un lado, salta a la vista que en la relación con la estructura interior, enormemente compleja y coherente, el medio ambiente representa siempre un caos relativo. Esta perspectiva adquirirá una importancia especial cuando más adelante abordemos la problemática de los límites y cómo ponerlos. Es preciso tener presente que la estructura interior establece diferencias en el caos relativo exterior en función de su integridad y de sus necesidades: valora lo que le es de utilidad y después elige lo que puede necesitar o, dicho de otro modo, se deshace y se desprende de lo superfluo o perjudicial.

Por otro lado, estos procesos en la naturaleza nos muestran de forma evidente que los organismos jóvenes, es decir, aún no maduros del todo, si quieren sobrevivir y madurar, deben crecer en un entorno preparado por ellos mismos en el que estarán protegidos y cuidados de acuerdo a su especie. De este modo no desaparecerá el caos, pero sí que experimentará ciertas gradaciones. Además, en la naturaleza es sin duda la tarea de los padres disponer lo necesario para este tipo de entorno protegido, a la vez que adecuado para madurar.

Ahora se trata de cómo nosotros, las personas, podemos enfrentarnos a esta tarea impuesta por la naturaleza y cómo debería ser el entorno en el que los niños puedan convertirse en auténticos seres humanos. Si nos lo planteamos seriamente, lo primero que advertimos es que debería haber entornos adecuados en todos los sitios donde haya niños: en casa, en el barrio y en todas las demás zonas donde los niños van creciendo poco a poco. Ello significaría que hasta la escuela alternativa más favorable a los niños en la que éstos puedan vivir en armonía con su propia naturaleza representaría una medida de emergencia para una sociedad en la que no hay sitio para los niños: algo así como un parque zoológico donde de cuando en cuando se refugian temporalmente seres exóticos que de lo contrario no podrían vivir entre nosotros.

Lo que pretendo con esta afirmación es sentar las bases para algunas situaciones límite que son siempre objeto de discusión a la hora de tratar iniciativas y sus dificultades cuando los padres no pueden eludir el sistema escolar reglamentario. También sitúa los esfuerzos de cada iniciativa de escuelas o de jardines de infancia en el lugar que les corresponde, es decir, como solución de emergencia pero también como una especie de laboratorio donde se intenta obtener unas circunstancias más favorables y donde nosotros podemos ensayar para descubrir y respetar los procesos de desarrollo de las personas que están creciendo.

Este tipo de decisión va visiblemente en contra de los intereses del ámbito general. Ello significa que para nuestro proyecto debemos fraguar las más diversas medidas de protección que nos permitan trabajar en cierto modo sin ser molestados. Según nuestra experiencia, poner límites significa también, en caso de emergencia, recorrer un camino solitario, soportar nosotros mismos gran parte de la carga, llevar a efecto las medidas oportunas con energía y medios propios y no esperar apoyo de fuera, es decir, del Estado.

Visto así, preparar entornos adecuados para niños no puede considerarse como un «proyecto social» que depende de la generosidad o de los recortes de una sociedad más o menos bienintencionada, por ejemplo, del presupuesto escolar. El adulto que trae al mundo a un niño de forma más o menos voluntaria, es el principal responsable de este drama, es al mismo tiempo el culpable y la víctima, ya que de sus decisiones y de los pasos que dé en este sentido depende el bienestar no sólo del niño, sino también el suyo propio. Estoy convencida de que sólo aquellas iniciativas que se soportan y se originan realmente por la desesperación y por el deseo más profundo de los padres de vivir en un «mundo mejor», a la larga, podrán subsistir, inclusive a pesar de las autoridades, quizá toleradas a medias o —quién sabe— hasta fomentadas por ellas. Después de aclarar este aspecto, me gustaría comenzar, poco a poco, a relacionar los conceptos amor y respeto, libertad y límites en la medida en que se han ido cristalizando en nuestra experiencia.

Hans-Christian Kirsch, en su temprana novela *Mit Haut und Haar* [Con pelos y señales] escribió la siguiente dedicatoria: «A Barbara, Meter, Oskar, The Rabbit, Dieter y a todos aquellos que pensaban en su hogar y no veían ningún ángel». En las páginas siguientes habla de su amistad con todo tipo de autoestopistas, jóvenes y no tan jóvenes, que hacían unos sacrificios extraordinarios para huir de sus hogares y así, lejos de padres y profesores, encontrar una nueva libertad en aventuras y experiencias poco habituales, aunque ello significara dormir en cabinas de teléfono o en estaciones de trenes. Contaba cómo estos autoestopistas, en su búsqueda de relaciones humanas frescas y a menudo en las condiciones más extremas, experimentaban la sensación de que «todos los hombres son hermanos» y, aun así, cuando pensaban en su hogar, no veían ningún ángel.

¿No significa esto que en los lugares donde los niños crecen dentro de nuestra sociedad, el amor no se siente muchas veces como tal porque no se encuentra en armonía con sus verdaderas necesidades? ¿No sería muy distinto si a lo largo de todos nuestros años de desarrollo –incluidos los años como adultos– pudiéramos mirar hacia el hogar y viéramos con toda claridad y certeza que no sólo éramos queridos, sino también respetados, como realmente éramos de pequeños e incluso de adolescentes? ¿No hemos podido muchos de nosotros, justo en los últimos años de vida de nuestros padres –si hemos tenido oportunidad de ello– restablecer un contacto afectuoso con las personas que han creado las bases de nuestra existencia?

Si ahora nos atrevemos a adentrarnos en el tema «límites», no podemos olvidar lo que realmente queremos decir con ello. En todo caso, no lo que la mayoría de nosotros ha experimentado, es decir, límites como medio de coacción para hacer o dejar de hacer según lo que otros esperaban de nosotros, o límites como última medida de seguridad, ya que el entorno no estaba preparado para satisfacer nuestras auténticas necesidades. En este sentido estoy de acuerdo: antes de que las cosas se tornen insostenibles, amenacen peligros, nos pongamos nerviosos unos a otros de forma insufrible, antes de llegar a ese punto es recomendable marcar límites.

Cuando en las páginas de este libro intente marcar límites con relación a la libertad, al amor y al respeto, mi intención es no dejar de revisar el entorno con gran detenimiento, siguiendo la expresión de que «los semáforos no se colocan en los dormitorios», comparación a la que acudimos en muchas de nuestras charlas con adultos «víctimas de los límites». Los límites sólo adquieren un sentido real para nosotros cuando tenemos totalmente en cuenta la dinámica existente entre el organismo, en sus más diversos estados, y un entorno más o menos adecuado a él. Establecemos una condición básica para que un entorno sea adecuado a un auténtico desarrollo: debe ser *relajado*, es decir, no debe incluir exigencias ni riesgos activos, y las expectativas que nosotros tenemos de otras personas e incluso de los niños, aun cuando no queramos admitirlo, no deben determinar nuestro comportamiento en este nuevo entorno.

Esta definición es un hueso duro de roer ya que mete el dedo en la llaga: en todo entorno, esté o no esté preparado de forma afectuosa, los adultos representan el peligro más activo para los niños, a no ser que hayan tomado la decisión de reconocer y respetar los procesos de desarrollo. Esta afirmación, en apariencia atrevida, es aceptable si tenemos en consideración en qué medida los niños realmente dependen del amor de los adultos.

Incluso nos atrevemos a decir que para sobrevivir un niño necesita más el amor que la alimentación. Esta perspectiva permite entender lo sencillo que resulta agriar una relación afectuosa cuando no va aparejada con respeto. Pero ¿respeto a qué? Ésa es precisamente la cuestión que debe establecerse. Pues cuando nos planteemos realmente en serio que la interacción de cada organismo con el entorno debería proceder de su interior, de lo que se trata es de tener en cuenta de forma especial esta circunstancia. No obstante, esta decisión nos sitúa en una extraordinaria contraposición con numerosas preocupaciones que en teoría son «por el bien del niño» y que han llevado hasta el florecimiento de una práctica pedagógica notable que ayuda a los niños a lograr resultados que se espera de ellos de la forma más fácil y efectiva posible.

Nuestra visión de un entorno adecuado para niños sería incompleta sin la presencia atenta, respetuosa y no directiva de adultos. Adultos que no dirigen a los niños aquí y allá de forma afectuosa, ni que dirigen su atención paulatinamente a eso «que es tan bonito e importante». Adultos que rehúsan auxiliar a los niños con rapidez en lo que les resulta difícil, anticiparse a su capacidad de iniciativa, manipular sus sentimientos o encasquetar en su pensamiento explicaciones adultas. No obstante, serían adultos que tendrían un interés verdadero por estar «en la misma onda» que el niño, no para poder dirigirle mejor, sino para preparar convenientemente, paso a paso, el ambiente en concordancia con sus *verdaderas necesidades*.

Si en nuestras charlas con profesores y con padres hablamos de límites lo hacemos porque para nosotros las interacciones entre necesidades, entorno adecuado, correcta dedicación y límites representan «nuevos horizontes de pensamiento». Humberto Maturana describe de forma inigualable estas relaciones en su libro *Amor y juego*, y no deja de señalar que cada vez que se logra una relación que coopera con los auténticos procesos vitales se están diseminando las semillas para una nueva cultura.

Para poder sentirlo y compenetrarnos con ello deberíamos, en la medida de lo posible, intentar olvidar el significado que los límites han tenido en nuestra propia tradición y en nuestra propia historia: prohibiciones, advertencias, amenazas, requerimientos para respetar los derechos de los demás, llamadas a nuestro yo «mejor».Y todo ello en un entorno que sólo en ocasiones estaba en armonía con nuestras necesidades personales y en el que hemos tenido que adaptarnos enormemente a las expectativas de los demás para apresar nuestra parte de dedicación y de reconocimiento.

Tan sólo podemos deducir las consecuencias que supondría una nueva cultura que se tome en serio los procesos de desarrollo de los niños, que confíe plenamente en ellos y que por lo tanto coopere con ellos de forma decisiva. Ésta podría ser muy bien una cultura en la que la vida familiar sería considerablemente más armoniosa de lo que podemos imaginarnos. Con toda seguridad habría menos estrés y enfados; menos palabras, acciones y gestos que de forma inconsciente obedecen a hábitos adquiridos contra los que los niños protestan con más o menos severidad, pero contra los que nadie hace realmente nada. En una cultura de este tipo no volveríamos a vivir la resignación paulatina ni la lucha abierta o subliminal contra el mundo que en la actualidad representa un problema para nosotros. Incluso desaparecerían por sí solos algunos de los llamados impedimentos y trastornos de conducta.

En su lugar, los niños y los adolescentes utilizarían como trampolín nuestros entornos preparados en los que también los adultos asumirán un lugar importante para poder «lanzarse al agua fría» con alegría de vivir y valor renovados, volver a descubrir el mundo, experimentar cosas nuevas. Entonces, seguramente tendríamos menos académicos sin puesto de trabajo, pero más personas independientes que no vivirían de la ayuda social, sino que estarían preparadas para solucionar con creatividad todo tipo de problemas.

Estos niños y adolescentes interesados y emprendedores «mirarían a su hogar» siempre con una sensación positiva y en él encontrarían el origen de su alegría de vivir. No dejarían de estar «bajo nuestro techo» y comentarían con nosotros sus penas y sus alegrías. Durante su juventud se tomarían el tiempo necesario para buscar sus propios intereses, para descubrir qué quieren hacer en la vida con plena responsabilidad y perseverancia. Y finalmente, tras estos años de búsqueda y de correrías, verían como prioridad, y sin conflictos internos, la disposición de preparar para su propia familia un entorno lo más adecuado posible.

En esta nueva cultura habría con toda seguridad nuevas relaciones con las personas mayores. Apenas se tendría la necesidad de «dejarlas a un lado» con mayor o menor suntuosidad, puesto que después de haber pasado toda una vida rodeados de amor y de respeto mutuo, ¿por qué no íbamos a incluir a los abuelos —siempre que ello sea posible— en los asuntos familiares y públicos?

¿Cuántas madres agobiadas desearían poder compartir la responsabilidad que suponen sus hijos con sus madres o con sus suegras si tuvieran una buena relación con ellas y no pasaran el tiempo sermoneándose sobre cuál es la mejor forma de tratar a los niños? Podríamos imaginarnos que en una cultura en la que la cooperación y el respeto mutuo forman parte de la vida diaria, más gente mayor viviría con los jóvenes y que ambos podrían servirse de ayuda entre sí. Y cuando ello no fuera posible, las personas que viven en residencias de la tercera edad podrían seguir teniendo contacto con los niños —siempre que las fuerzas se lo permitan y así lo deseen—, hacer manualidades con ellos, contarles historias o simplemente dedicarles algo de su tiempo. Así las personas mayores podrían hacer muchas cosas a las que los padres no alcanzan en su lucha por la vida. En estas tareas se incluirían los «ejercicios sensomotrices» para las personas mayores que se ofrecen en algunas residencias con fines terapéuticos como reacción contra la reducción de neuronas.

Es posible que a muchos todo esto les parezca un cuento de hadas o una novela futurista. Pero precisamente en este género se han pronosticado en numerosas ocasiones perspectivas de nuevas realidades. Por suerte se trata también de una visión que hoy en día es compartida por un número de personas cada vez mayor, aunque éstas se encuentren localmente muy dispersas entre sí. Personas que buscan tratarse entre ellas con respeto en residencias de la tercera edad, en jardines de infancia, en proyectos escolares o en situaciones laborales.

INSEGURIDADES A LA HORA
DE PONER LÍMITES

Para muchas personas de mentalidad progresista, los límites son una cuestión problemática cargada de numerosas dudas y de malos recuerdos. Hasta ahora no me he encontrado con ningún adulto que no haya reconocido tener problemas a la hora de poner límites, salvo quizás personas simpatizantes de procedimientos militares que guían tanto su trabajo como sus relaciones sociales por los principios de una disciplina absoluta. Aun así, estoy convencida de que en algún momento de su vida privada, ellos mismos llegan a sus propios límites sin saber cómo arreglárselas con ellos.

Los padres que envían a sus hijos así sin más a una escuela regular y esperan que los profesores enseñen disciplina y orden a los niños con todas las normas de su oficio, frecuentemente no saben cómo reaccionar en las situaciones límite más comunes que se plantean en casa. En no pocas ocasiones son precisamente estas personas las que emiten las críticas más duras sobre las escuelas alternativas alegando que en ellas reina el peor de los caos y en ellas cada uno puede hacer y dejar hacer lo que se le antoja. De vez en cuando llegan a nuestros oídos este tipo de opiniones desfavorables a través de terceros, esto es, «a trasmano».

Hace poco fui testigo por casualidad de una conversación que mostraba sin rodeos cómo personas que nunca habían estado en nuestra escuela se formaban una idea del Pesta. Entré en la tienda del pueblo donde cuatro hombres con ropa de trabajo regaban el final de su trabajo con una botella de cerveza. Mientras esperaba que me pesaran el maíz tuve oportunidad de escuchar su conversación en la que con gran deleite se explayaban sobre el Pesta: «¿Sabe usted? ¡Vaya escuela! Ni se lo imagina. Se lo puede creer o no. Los niños van allí y no aprenden como Dios manda. Sencillamente cada uno hace lo que quiere. Ni siquiera les enseñan las tablas de multiplicar. Se limitan a decirles: "Si lo quieres aprender, averígualo tú mismo". Y si uno de los niños se acerca al borde de la quebrada y dice que va a saltar, el profesor va y le dice: "Hazlo, hazlo, y tú mismo te darás cuenta de lo que pasa". (La quebrada que hay cerca de la escuela tiene unos veinte metros de profundidad.) Los hombres estaban tan concentrados en su conversación que ninguno se dio cuenta de que pagué y salí de la tienda.

De todos modos, una escuela alternativa da mucho que hablar. Resulta mucho más cómodo pasar a un segundo plano la problemática de la educación tradicional, aun cuando en nuestro país la prensa se esfuerce por desviar la atención de la opinión pública hacia numerosas irregularidades. Pero no es sólo en Ecuador donde los profesores se quejan cada vez más de que ya no son capaces de «lidiar» con los niños. Sabemos que en otros países está en aumento la jubilación anticipada de los profesores porque ya no tienen fuerzas suficientes para desempeñar sus tareas. En algunas ciudades grandes se registra a los niños cuando entran en la escuela en busca de armas, y los profesores tienen miedo a entrar en las aulas desarmados.

Lo que probablemente sucede es que poco a poco estamos recogiendo lo que llevamos sembrando desde hace tiempo, pues la historia de la pedagogía occidental está dominada por el empeño de —con métodos más o menos drásticos— adaptar a las normas e intereses sociales a los seres incómodos que con cada nueva generación intentan cuestionar los modos de vida que los adultos han ido definiendo. Sólo con cierta vacilación —primero en los años veinte y luego de nuevo tras la Segunda Guerra Mundial— y tras siglos de incomprensión de las necesidades de los niños, se ha ido abriendo paso en la mente de la opinión pública la idea no sólo del valor de la infancia, sino también de la exigencia de libertad. Por eso no debe sorprendernos el hecho de que en estas circunstancias el llamado movimiento antiautoritario haya anhelado deshacerse una vez para siempre de toda clase de límites y normas. Las perspectivas adquiridas a partir de estas experiencias son reveladoras. Una de ellas es que al parecer los niños necesitan límites, lo que para muchos ha significado sencillamente «volver al antiguo régimen».

A pesar de estas confusiones inevitables no ha sido posible detener la influencia ni de los ideales demócratas ni del descubrimiento sobre la relación que existe entre una infancia infeliz y neurosis posteriores. Sin embargo, ello ha sometido a presión a nuestra sociedad en lo que a temas de educación infantil se refiere. Por un lado, ha crecido la exigencia de rendimiento para no desaprovechar ninguna oportunidad en una sociedad cada vez más tecnificada. Por otro, ha aumentado el miedo a los traumas infantiles y la exigencia a los padres concienciados para que no cometan errores. No obstante, debido al hecho de que nuestra civilización sigue caracterizándose por relaciones instructivas y directivas, esta doble exigencia de la educación infantil ha repercutido también en la manera como se ponen los límites.

Por lo tanto, los padres modernos y concienciados intentan abordar la cuestión de la fijación de límites de la forma más inteligente posible, y ello principalmente por dos motivos. El primero de ellos es que desean evitar que sus hijos se sientan bien perjudicados por una limitación, bien tratados de forma incorrecta. El segundo de los motivos es que los padres consideran su obligación que los niños comprendan el mundo en el que viven lo antes posible mediante una detallada presentación de las razones fundadas de su modo de actuar. De esta forma, observamos en todas partes cómo hasta niños pequeños hablan ya con sus padres como «personas mayores». El preguntar por qué y el producir como por encanto las respuestas no cesan en todo el santo día. A menudo se percibe el agotamiento, especialmente en las madres. Pero muchas de ellas se calificarían de incompetentes si llegaran a confesar su extenuación. Los niños, por su parte, aprenden con gran rapidez que las preguntas y las discusiones significan recibir dedicación, por lo que se convierten en auténticos especialistas de interminables debates sobre los límites.

Es cierto que los padres que deliberan con sus hijos constituyen un nuevo fenómeno de la civilización. Una rica oferta de bibliografía orientadora refleja este hecho y nos abastece con consejos sobre cómo deberíamos celebrar sesiones familiares formales con nuestros hijos para adoptar medidas de precaución contra posibles rencillas y además anticiparse a esas preguntas enervantes de «por qué» en situaciones diarias incómodas. Para estas ocasiones tenemos nuestros tratos, a los que podemos acudir en caso necesario, y además la buena

25

sensación de ser padres con actitudes democráticas. En cambio, lo que es preciso plantearse es si estas negociaciones y tratos tienen realmente en cuenta el proceso del niño y consideran la fase de desarrollo en la que se encuentra en ese momento.

Me planteé esta cuestión, por ejemplo, cuando estábamos en casa de una familia que después de cenar deseaba hablar en calma con nosotros sobre las preocupaciones que sentían por sus hijos. La niña, de ocho años, ponía claramente en marcha todos los mecanismos para alargar la cena. A partir del postre, sus estrategias pasaron a ser cada vez más refinadas, de forma que después de más de dos horas seguía resultando imposible tener una idea de cuándo acabaría la cena. Entonces, la madre mencionó en varias ocasiones que habían hecho un trato para aquella velada. Al parecer, se trataba de que la niña debía irse a su cuarto para que los adultos pudieran hablar. Sus indicaciones eran cada vez más vehementes, hasta que a las diez de la noche, la madre, molesta, insistió terminantemente que había llegado la hora de cumplir el trato. La niña replicó: «Lo que quieres es que me vaya a la cama. El trato lo has hecho tú sola. ¿Por qué entonces no me *mandas* a la cama?».

Es cierto que los motivos de tener miedo a poner límites son muy diversos. Puede que el primero de ellos sea el deseo de relacionarnos con nuestros hijos de forma distinta y con más libertad de la que nosotros mismos hemos experimentado durante nuestra educación. El miedo a no parecer cariñosos y por eso ser menos queridos por los demás es un segundo factor igual de importante. A ello hay que añadir innumerables circunstancias en las que para salir del paso resulta mucho más sencillo transigir con rapidez que plantarse ante un límite de forma consecuente. La escena más típica y extrema de esta categoría es el niño que grita y patalea en el supermercado luchando por sus chicles y convencido de su victoria, pues sabe que su madre no quiere quedar mal delante de otras personas.

Los adultos con mayor sensibilidad puede que también sean conscientes de lo poco satisfactorio que es el entorno en el que crecen los niños y es posible que tiendan más bien a hacer la vista gorda ante muchas cosas que realmente no consideran correctas. Una y otra vez se nos avisa de que los límites y las reglas impiden la creatividad de los niños, o cuando menos la reducen.

Sin duda alguna, los adultos que están especialmente afectados por el miedo a los límites son los que se sienten completamente desbordados por el milagro que supone tener un hijo propio a la vez que satisfechos con la idea de ofrecerle tanta libertad y amor como sea posible. Lo que siempre puede suceder es que no juzguen bien las circunstancias de los eventos a los que llevan a sus hijos ni las situaciones en las que les conceden libertad. Tal es el caso del deseo de los padres jóvenes de llevar a sus bebés e hijos pequeños a todos los sitios, aun cuando ello no sea conveniente ni para ellos mismos ni para otras personas, por ejemplo, a conferencias y seminarios sobre educación infantil, a reuniones de padres, a viajes largos, a visitas a museos o a cualquier otro sitio que los adultos puedan necesitar para enriquecer su propia vida.

En una ocasión nos invitaron a dar una conferencia ante un público numeroso. Era por la tarde, y antes de comenzar la disertación una niña de dos años escaló hasta el podio y se puso a correr felizmente de un lado a otro. Luego, al saltar cada vez más alto, pudimos comprobar la increíble resonancia del suelo de madera. A continuación pasó a sentirse fascinada por las caras interesadas de las innumerables personas (algunas de ellas hasta saludaban con la mano), y justo antes de comenzar el acto inventó un emocionante juego con el cable alargador del micrófono. Cuando empezó la conferencia, hasta donde la vista alcanzaba no había ningún adulto que se identificara como padre o como madre de esta aventurera y se la llevara del podio. ¿Qué podía hacer yo con la niña? ¿Pegarme con ella por el micrófono o dañar mi reputación de representante de una educación libre pidiendo «por favor, llévense a esta niña de aquí»? Al final, salí del paso iniciando así mi conferencia: «Cuando como padres comenzamos a interesarnos por la educación respetuosa, nos encontramos exactamente tan desamparados como la madre de esta niña. No teníamos la menor idea de cómo poner límites». Por suerte, no pasó ni un minuto cuando apareció una joven en la sala que recogió a la niña.

Me viene ahora a la mente otra escena que ilustra esta dificultad. Era un domingo por la mañana. Había comprado fruta en el mercado de Tumbaco y la había colocado cuidadosamente en nuestro frutero de tres niveles para que durara toda la semana. En este momento vino a visitarme una madre con su hijo de año y medio para charlar un rato. Mientras intentaba hablar conmigo, el niño se precipitó sobre la fruta y comenzó a arrojar a diestro y siniestro por la cocina mangos, naranjas, higos chumbos y mandarinas. Como por lo general, en presencia de la propia madre otros adultos pierden relevancia, esperé tensa un momento para ver la forma como ella valoraría la situación. Cuál sería mi sorpresa cuando vi cómo la madre contemplaba fascinada, e incluso aparentemente divertida, la actividad espontánea de su hijo sin mostrar intención alguna de contenerle. Así que no me quedó más remedio que poner yo misma los límites necesarios y luego pedir a mi visita que me ayudara a recoger la fruta y a lavarla.

De cuando en cuando hemos experimentado una variante especial de «síndromes de límites» en familias que proceden de un área cultural con usos y costumbres distintos de un país como Ecuador. En un «país en vías de desarrollo», muchas normas se cumplen con menor rigidez, los controles son menos eficientes y en muchos aspectos existen más lagunas en lo tocante a la libertad personal que en los países muy industrializados, pero que sin duda alguna van unidos a menudo con un enorme riesgo personal. Observamos consternados cómo padres que si bien en su país de origen abrochan fielmente el cinturón de seguridad a sus niños en el asiento trasero del coche, aquí, en su delirio de libertad, llevan a los niños en el exterior, en el estribo o en el techo de los coches, o se sientan al volante con su pequeño en el regazo. En cambio, en otras situaciones en las que aquí, en el país de acogida, reinan hábitos más estrictos, hay gente que insiste en conservar sus propias costumbres: por ejemplo, en contra de las tradiciones locales dejan que sus hijos vayan descalzos en el supermercado o que corran desnudos por la casa cuando les invitas a comer.

Estos casos —reconocemos que excepcionales— desentrañan un fenómeno interesante: cuando los límites sirven para restringir la libertad personal, en lugar de un respeto auténtico y de un sentido común provocan una reacción contraria que degenera con facilidad en una falta de consideración por el entorno cultural. Un sentimiento inconsciente de antipatía y de dolor se desliza en todas las situaciones que de algún modo rememoran vivencias anteriores, como el recuerdo de zapatos demasiado pequeños y demasiado estrechos que cuando éramos niños durante la guerra nos producían dolorosas ampollas y dedos encorvados. Si alguien crece de esta manera lleno de un rechazo inconsciente por cualquier tipo de limitaciones, no podrá librarse de vivencias frustrantes, e incluso de algún que otro peligro. Por el contrario, se abren nuevas vías cuando uno comienza en serio a relacionar la libertad y los límites con el entorno correspondiente, aun cuando en esta tarea uno deba enfrentarse a sus propias inseguridades.

En una ocasión, estábamos sentados con unos conocidos alrededor de una mesa baja en la que se habían dispuesto bebidas, algo de comida, vajilla, un cenicero y un jarrón. Una de las mujeres había traído a su hijo, que tendría unos dos años, al que todas estas cosas le interesaban intensamente. Si se ponía de pie, podía sujetarse sin problemas a la mesa para continuar con su impulso natural de querer investigar una cosa tras otra. La madre, mientras participaba con fervor en la conversación, tenía la suficiente presencia de ánimo como para agarrar en último momento el correspondiente objeto cada vez que el niño se aproximaba a él y ponerlo a salvo en la otra punta de la mesa. Al principio, el niño parecía fascinado con este juego. Corría sin vacilar de un extremo a otro e intentaba una y otra vez apoderarse de un objeto, pero la madre era cada vez más rápida. Al final, la escena concluyó con un grito de protesta por parte del niño y con el consiguiente mal humor de la madre que veía interrumpida la interesante conversación, frustrada porque no podía conversar en paz.

En muchas reuniones de padres se muestra una enorme inseguridad sobre qué límites son adecuados a qué edades. Después de una conferencia, un matrimonio me preguntó lo siguiente: «¿Cree usted que deberían ponerse límites a un niño de menos de tres años?». Enseguida me acordé de una niña del Pesta de nueve años. Había llegado al jardín de infancia sin tener la menor idea de lo que eran los límites y precisaba continuamente de la compañía de un adulto para evitar las peores consecuencias derivadas de su desconcierto y de sus inclinaciones agresivas. Ya entonces, la madre no comprendía en absoluto para qué podían servir los límites. Entretanto, Paulina llegó a la primaria y nosotros, los cuidadores, nos dábamos cuenta con preocupación de que cada tarde invitaba a amigas a recorrer con ellas, los centros comerciales de Quito, divertirse en salones recreativos y hartarse de dulces y golosinas. La madre tampoco veía nada extraordinario en que Paulina, al menos dos veces por semana, saliera de fiesta a bailar hasta avanzada la noche. Interpretaba todo aquello como «iniciativa propia, madurez y autonomía», mientras que nosotros veíamos con toda claridad que Paulina era incapaz de concentrarse en alguna actividad propia. Por otro lado, la madre estaba convencida de que ponía los límites adecuados cuando prohibía a su hija ensuciarse su ropa cara cuando jugaba.

No es de extrañar que los padres que en el trato con sus hijos pequeños se dan cuenta demasiado tarde de que deben poner límites o que no han puesto ninguno en absoluto, ya no saben cómo tratarles cuando esos niños llegan a la etapa de la pubertad. «¿Puede mi hijo de quince años conducir un coche?», «¿Soy una anticuada si no me parece bien que mi hija salga de fiesta los fines de semana durante toda la noche, y luego se pase el día siguiente entero en la cama?», «¿Qué puedo hacer si mi hijo de doce años insiste en ir a un gran concierto de jazz y sé que allí se trafica con drogas y que la gente se emborracha tanto que luego arroja las botellas vacías por los aires?». Éstos son algunos temas de conversación «calientes» de padres de adolescentes, lo que demuestra lo difícil que puede resultar a los adultos la tarea de relacionar la libertad con los límites de forma que pueda ser de utilidad a los verdaderos procesos vitales.

VIVIR SIGNIFICA ESTAR LIMITADO

Que los límites restringen la creatividad de una persona es sólo uno de los tantos reproches que nos han hecho los adultos víctimas de los límites. Otra duda que asalta incluso a algunos de los padres cuyos hijos llevan ya años en el Pesta es la cuestión de si poner límites no es lo mismo que condicionamiento, término que dentro del marco de una escuela libre se incluye bajo la categoría de palabrota.

Es cierto que, a primera vista, podría llegarse a una conclusión de este tipo, pues a menudo oímos que los niños del Pesta son mucho más «fáciles de cuidar» que otros en cuya evaluación del certificado escolar (en Ecuador) se ha dado más importancia a las asignaturas «Disciplina» y «Comportamiento». Un padre nuevo en el Pesta confesaba la semana pasada durante una reunión de padres que uno de los motivos por los que se había decidido a llevar a sus dos hijos a nuestra escuela era que se había dado cuenta de una diferencia llamativa en los niños de sus amigos, a los que invitaban a menudo a su casa, y es que los niños del Pesta aceptaban los límites sin oponer resistencia, mientras que para los otros niños, los límites representaban un motivo irrecusable de protesta.

Entonces ¿sí que es una manera más eficaz para que los niños se adapten a las circunstancias existentes? Sirva como ejemplo adicional otra escena que puede ayudar para aclarar un poco más estas relaciones: cuando en el año 1995, Ecuador y Perú resolvían un conflicto de fronteras y todos los medios de comunicación se encontraban desbordados por el acontecimiento de la guerra, muchos niños llevaron consigo este exceso de impresiones y emociones al entorno preparado. El resultado fue que durante algunas semanas docenas de niños entre los seis y los dieciséis años se pasaban el día jugando a la guerra en el bosquecillo de la escuela. La carpintería escolar se trans-

31

formó prácticamente en una «fábrica de armas» y a partir de restos de madera se produjeron todo tipo de fusiles y pistolas de distintos tamaños. Después los pintaban con colores chillones y cada día los iban equipando con nuevos detalles.

En los bosquecillos construyeron dos «campos de prisioneros» con tablones viejos, ramas de eucaliptos, neumáticos, cartones y chapa ondulada. Tras largas negociaciones, las partes en conflicto se dividieron de tal manera que en los campamentos se repartieron grandes y pequeños prácticamente en la misma medida. Se establecieron las reglas del juego y, a continuación, el recinto comenzó a vibrar con gritos y con disparos imaginarios. Había niñas pequeñas que tomaban como prisioneros a niños mayores que ellas. Se utilizaban banderas blancas para negociaciones de paz, y la «guerra» hacía estragos sin cesar por el recinto intransitable. En medio de este barullo, rodeadas por una frontera invisible para mí, tres niñas de unos ocho años se dedicaron a hacerse su casa. Primero levantaron paredes de ladrillos que enmasillaron cuidadosamente con barro. Después, ellas mismas buscaron por el recinto maderas adecuadas, ramas y cañas para el tejado. Pintaron las paredes de colores alegres, colgaron carteles con sus nombres y a continuación pasaron a colocar cortinas hechas con telas viejas, a plantar florecillas alrededor de la casa y a barrer la entrada. Todo aquello era el prototipo de paz y de un Estado de bienestar burgués. Pero ¿cómo era posible que por parte de los niños que jugaban a la guerra no se cometiera ninguna violación de la paz dentro del área habitada por estas niñas? ¿Cómo se explica que no se produjera ni un solo intento de molestarlas, de asediarlas o de ahuyentarlas?

La única explicación para este fenómeno es que los niños llevaban experimentando desde hacía tiempo en sus propias carnes que los límites forman parte de la vida, que están ahí para proteger la vida y las ocupaciones de todos y cada uno de los grupos dentro de un entorno preparado donde los niños y los adultos no sólo pueden actuar en conformidad con sus *verdaderas* necesidades, sino que además pueden adoptar las decisiones adecuadas.

En los siguientes capítulos voy a intentar continuar con el estudio de la problemática que representan los límites desde distintos puntos de vista. Pero si todas las descripciones siguieran estando confusas, tras mucho reflexionar no podríamos percibir ni aceptar que la vida, la vida orgánica, está limitada. Cuando no podemos ver con claridad en las innumerables y distintas situaciones, cuando no podemos ponernos de acuerdo, por ejemplo, en el equipo de profesores o a la hora de analizar los problemas caseros, recurrimos a la imagen original de toda vida orgánica.

Intentamos imaginarnos de la forma más plástica posible cómo ya partiendo de la célula originaria, todo organismo está separado de su entorno por una membrana semipermeable. Cómo en el interior del organismo, una estructura extremadamente compleja determina su realidad y su característica especial mientras que fuera reina el caos —en comparación con esta estructura interna—. Nos resulta de gran utilidad la exposición que Hoimar von Ditfurth plantea en su libro *Der Geist fiel nicht vom Himmel* * sobre cómo a partir de esta estructura orgánica se han desarrollado desde el principio todas las manifestaciones de inteligencia viva, puesto que desde el interior, la célula originaria ya diferenciaba lo que en el exterior era apropiado e inapropiado, tanto para su supervivencia como para su posterior desarrollo. Ya valoraba lo que percibía en el exterior y después elegía a qué permitía entrar y qué dejaba fuera o eliminaba.

Por tanto, ¿qué sería de un organismo, independientemente de que tuviera una estructura sencilla o de que estuviera muy desarrollado, sin esta membrana que lo delimita del entorno y que, dirigida desde el interior, posibilita toda manifestación de vida, toda interacción con el medio ambiente adquiriendo de este modo sentido? Este ejemplo nos muestra con claridad que la afirmación de que «Vivir significa estar limitado» no tiene nada que ver con el condicionamiento, no es ninguna limitación en sentido negativo, sino que es por antonomasia una condición de la vida. Es sólo gracias a esta «limitación» que se produce la dinámica que podemos denominar *desarrollo* y que incluye la distinción entre el exterior y el interior, entre los procesos de desarrollo, el identificar y el entender, entre la transformación y el crecimiento. Y únicamente por la seguridad que supone esta membrana, un organismo individual puede llegar

---

* «El espíritu no cayó del cielo». [*N. de la T.*]

a una auténtica cooperación con otros organismos, pues sin ella, cuando los organismos se encontraran, se comerían unos a otros o confluirían unos en otros.

Este ejemplo de la membrana nos lleva a formular distintas observaciones que confirman una y otra vez que los procesos vitales se encuentran estrechamente relacionados con las limitaciones y con las delimitaciones. De esta forma, en el orden jerárquico del cosmos en el macronivel nos encontramos limitaciones y membranas entre galaxias y supergalaxias. Vemos este mismo orden no sólo en las constelaciones de sistemas planetarios con sus soles, sino también en todo sistema planetario con respecto al universo que le rodea. Con razón nos preocupamos porque la membrana de la tierra que hace posible nuestra vida orgánica presente agujeros en algunos puntos.

Encontramos el mismo blindaje con membranas en todas las estructuras orgánicas e inorgánicas que conocemos. Nuestro propio cuerpo está protegido del exterior por la piel, mientras que cada órgano se delimita del resto del cuerpo con su propia membrana, y dentro de cada órgano y de cada estructura corporal cada célula con su pared celular, cada molécula de otras moléculas, cada átomo de otros átomos. Así es como cada parte desempeña en sí misma sus propias funciones sin por ello dejar de trabajar junto con todas las demás realidades, como las muñecas rusas que se contienen unas a otras sin que ninguna de ellas pierda su propia estructura.

Es posible que algunas personas consideren que es dar un gran salto pasar desde esta comprensión fundamental de procesos vitales hasta las más pequeñas situaciones que vivimos continuamente en nuestras relaciones con otros seres humanos y, en particular, en nuestra convivencia con niños. Y aun así es esta convicción benefactora de que la vida posee limitaciones la que nos ayuda no sólo a poner límites de una forma tranquila, firme, no manipuladora y no directiva, sino también a no sentirnos nosotros mismos heridos por tales límites. Si continuamos ideando esta imagen con todo detalle, llegaremos a conocimientos importantes que alterarán necesariamente nuestro comportamiento, por ejemplo, en el trato con los niños.

Maria Montessori utilizó el concepto de «embrión espiritual», con el que quería mostrar que cada criatura humana necesita un largo período de desarrollo en un entorno protegido para que sus estructuras vitales puedan madurar plenamente. También hablaba de «períodos sensibles» que parecen estar ligeramente emparentados con las fases de desarrollo de Piaget. Estas fases a su vez guardan una estrecha relación con las fases de desarrollo neurológicas que entretanto se conocen un poco mejor: con la madurez del tronco cerebral durante el embarazo, del sistema límbico durante los siete u ocho primeros años de vida y de la corteza cerebral en los siete u ocho años siguientes.

De forma análoga a todas las demás realidades orgánicas, parece ser que estas estructuras neurológicas están relacionadas con la maduración de sus correspondientes membranas. En otras palabras, para llevar una vida sana cada uno de nosotros necesita además de una piel exterior en buen estado, una membrana emocional y cognitiva también en buen estado. Este conocimiento nos seguirá siendo de utilidad cuando más adelante observemos con mayor detenimiento las más variadas situaciones de interacción, en particular, entre adultos y niños. Por el momento, tan sólo me gustaría mencionar la importancia que tiene durante los años de desarrollo cuidar y proteger estas estructuras provisionalmente aún frágiles y fáciles de dañar. Con toda seguridad no será tarea sencilla ya que son invisibles a nuestra vista. No obstante, si aun así conseguimos obtener una sensación más nítida de estas estructuras, se abrirán nuevas posibilidades para relaciones más satisfactorias.

Podemos comprender lo que significa para un organismo que su membrana esté gastada o incluso presente orificios si pensamos en nuestra propia piel. Hasta las pequeñas heridas resultan dolorosas y necesitan un tiempo para curarse. Que precisamente en los países de avanzado desarrollo técnico haya cada vez más personas con problemas cutáneos crónicos, hace que nos planteemos cuestiones algo incómodas sobre la calidad del medio ambiente en el que deben vivir las personas. Y finalmente, también conocemos la gravedad de las consecuencias para la integridad de un organismo cuando su linde entre el exterior y el interior es traspasado con violencia.

Se dan las mismas consecuencias devastadoras para la salud de una persona cuando desde pequeños se hieren sus membranas emocionales. ¿Cómo se produce algo así? Observemos con detenimiento algunas escenas que forman parte de nuestra vida diaria:

Un niño pequeño se cae cuando va corriendo por la calle y comienza a llorar. ¿Qué reacción cabe esperar de su cuidador? ¿Quién de ellos rompe su membrana emocional y quién la respeta?

- −Vamos, levanta. Deja de llorar. No ha pasado nada.
- −¿No puedes tener más cuidado? La próxima vez mira mejor por dónde vas.
- El cuidador toma al niño en brazos y le dice: «Déjame ver qué te ha pasado. Cura, cura, sana… Ya está. ¿Has visto cómo juega ese niño al balón?».
- El cuidador deja al niño en el suelo, se sienta a su lado y le acaricia, por un lado para comprobar que la herida no es grave y por otro para que el niño no se sienta solo en su delicada situación. «Te has caído. Eso duele. Estoy a tu lado.»

Veamos otro ejemplo tomado del amplio repertorio de la vida diaria de un niño. Un adolescente se queja de una visita que se ha quedado toda la tarde y que en cierto modo le ha molestado. ¿Qué comentarios sobre su queja puede esperar de sus padres?

- −Tan testarudo como siempre. Uno debe alegrarse cuando recibe visitas.
- −Yo en tu lugar no me enfadaría porque vinieran otras personas. Imagínate que fueras a ver a alguien que no se comportara contigo con amabilidad.
- −Poco a poco tienes que aprender a tener compasión por otra gente. La vecina está muy sola. ¿No puedes ser un poco amable con ella? ¿No te gusta que ella siempre te traiga algo?
- −Sí, resulta un poco incómodo cuando vienen visitas que pueden resultar algo molestas. A nosotros tampoco nos gusta siempre. Pero hoy no podíamos hacer nada por evitarlo.

Puede que estas breves escenas sirvan para mostrar la forma tan inconsciente con que nuestra cultura trata con la membrana emocional. Tan pronto como comenzamos a prestar atención a las relaciones más cotidianas entre las personas, nos sorprende con qué asiduidad se invade la esfera privada de los sentimientos. No es de extrañar que las personas que han crecido en este ambiente sientan después la necesidad de cerrarse emocionalmente. Y tampoco sorprende que haya cada vez más personas que más tarde o más temprano acaban buscando el camino que les devuelve a un modo de sentir personal auténtico mediante todo tipo de métodos y de prácticas de autorrealización. Sin embargo, dado que su membrana ya no está del todo intacta, con toda probabilidad asimilarán también algunas cosas que no son suyas en absoluto.

Un problema especial lo tiene una madre cuya membrana emocional propia ha sido manipulada desde el exterior desde su infancia. La responsabilidad y la relación estrecha con su hijo, que si bien se ha desprendido de su cuerpo físico, emocionalmente continúa dependiendo en gran parte de ella, ahora puede causarle una gran confusión. Si su propia membrana no es estable, ¿cómo es capaz de distinguir entre lo que ella misma siente y entre lo que siente su hijo? Es posible que su membrana emocional se haya extendido de tal manera que su hijo se haya quedado dentro de ella. ¿Cómo podrá un hijo, en estas circunstancias, conseguir paulatinamente la independencia emocional? ¿Cómo puede notar la madre si penetra emocionalmente en el hijo o si éste deambula por sus espacios interiores?

Estas observaciones se aplican también a la membrana cognitiva que separa nuestro propio pensamiento y nuestros juicios de los de nuestro entorno. ¿Quién podría afirmar de sí mismo que es capaz de distinguir con toda claridad entre sus propios pensamientos y los que se han introducido en él desde el exterior? Precisamente en nuestros tiempos, en los que se da tanta importancia al estímulo cognitivo, es deber de la pedagogía y responsabilidad de los adultos frente a sus retoños presionar esta tercera membrana desde el exterior tan pronto como sea posible.

Lo que sí es seguro es que las tres membranas que necesita una vida humana para estar sana se hallan de alguna manera relacionadas con el episodio de los límites. Las situaciones de límites que siguen apareciendo en el mundo exterior sólo podrán ser tratadas con creatividad por las personas en proceso de desarrollo si ellas mismas han tenido suficientes vivencias en que el entorno ha respetado sus propias membranas interiores.

Hemos llegado a la convicción de que nadie se comporta mal cuando se siente bien. Comportarse mal significa bien no percibir los límites o bien menospreciarlos. Si pensamos en lo afectados que nos sentimos cuando nuestra piel tiene algún problema, entonces nos resultará fácil llegar a la conclusión de que nos sentimos irritados, de que percibimos una ligera molestia que puede llegar a convertirse en un dolor agudo cuando se choca contra nuestra membrana emocional y cognitiva, cuando se la irrita, se perfora o se extiende de forma desproporcionada.

Esta reflexión nos lleva de nuevo a la cuestión de si los límites exteriores también forman parte de la vida o de si su característica más importante consiste en coartarnos o amargarnos la existencia. Antes se decía que todas las realidades que conocemos tienen sus límites específicos y que en el orden de la «estructura jerárquica» se delimitan hacia arriba y hacia abajo frente a otras realidades. Incluso ha llegado a aceptarse que hasta el universo está limitado en toda su «infinitud».

Por tanto, no debemos disculparnos si partimos de la base de que también en la realidad exterior debe haber límites para nosotros cuyo objeto es que podamos sentir cierto «orden». De este modo, no nos sentimos delimitados por las paredes de nuestra casa, más bien al contrario, nos aportan un sentimiento de seguridad y de recogimiento. Y si realmente nos metemos en la piel de los niños y comprendemos sus necesidades, pronto descubriremos que para sentirse bien necesitan unas limitaciones muy claras. No obstante, las proporciones de estos límites cambian directamente en función de las transformaciones que vive todo organismo en período de crecimiento para que no se perciban como camisas de fuerza.

En la naturaleza volvemos a encontrar este principio básico en las leyes físicas. Son fiables y permiten de este modo un trabajo dinámico en equipo entre las energías y las fuerzas antagónicas que da lugar a infinitas variables. En la forma de «campos morfogenéticos»*, estas leyes no son tan rígidas e inalterables como se ha supuesto de forma generalizada. Aun así, podemos confiar en ellas. Es cierto que a ratos se resisten a nuestras ideas y a nuestros deseos igual que la fuer-

---

* Este concepto procede de Rupert Sheldrake. [*N. del E.*]

za de la gravedad, que no nos permite ir brincando, flotando y volando por ahí a nuestro libre albedrío. No obstante, precisamente mediante esta resistencia se determina y refuerza nuestra estructura que nos convierte en seres vivos apegados a la tierra. Es cierto: la fuerza de la gravedad nos hace experimentar una y otra vez de forma dolorosa lo que significa no tomar en serio sus regularidades, pero al mismo tiempo agudiza nuestra mente porque nos invita a experimentar y a encontrar medios y soluciones para, por ejemplo, al final, a pesar de todos los obstáculos, llegar a volar, pero después de haber realizado muchos experimentos que permiten comprender las leyes físicas relacionadas con el arte de volar.

Por todo ello, llegamos a la conclusión de que los límites no delimitan en modo alguno la creatividad, sino que la despiertan. Esto me recuerda la historia de dos familias chinas que querían que algún día sus hijos se casaran. Levantaron un muro de dos metros de altura entre sus dos terrenos. Los hijos, separados por este muro, crecieron con el deseo cada vez más fuerte de encaramarse a él para averiguar lo que había al otro lado. Cuando superaron este obstáculo, se casaron.

Una segunda conclusión es que sin límites claros no sólo nos sentiríamos infinitamente inseguros, sino además infinitamente ignorantes de cómo está formada verdaderamente las realidades concretas. Y esto no sólo en relación con los límites físicos de la realidad exterior, sino también con las normas y los límites complejos que se aplican y están vigentes en la convivencia social de toda cultura. La única diferencia es que estas normas y acuerdos sociales varían de cultura en cultura, aunque por ello no dejan de ser menos efectivas. Por tanto, si cambiamos de una cultura a otra, debemos contar con un choque cultural. Esto significa principalmente que no nos orientamos lo suficiente en otra cultura, que nos sentiríamos inseguros porque no podríamos estimar las reacciones de otros sobre nuestro comportamiento.

También experimentan un tipo de «*shock* cultural» los niños pequeños que nacen en el seno de una sociedad, pues todavía desconocen las complicadas reglas de la convivencia. No les hacemos por tanto ningún mal, sino que les damos facilidades para orientarse en el embrollo de acontecimientos si también en el ámbito social les ponemos unos límites claros que, del mismo modo que en el ámbito físico, estarán siempre ampliados de acuerdo a su proceso de desarrollo.

A continuación, exponemos unos ejemplos de límites que se aplican en nuestro entorno preparado para niños de tres a cinco años:

- No permitimos que los mayores ni los pequeños se hagan daño físico ni que se insulten verbalmente. Tampoco les dejamos que rompan el material de forma intencionada.
- Cualquier material debe ser devuelto a su sitio después de haber sido utilizado.
- No dejamos arrebatar a nadie el material que otra persona está empleando en ese momento, y sólo podrá utilizarlo con su previo consentimiento.
- Los desperdicios o desechos deben tirarse a la papelera o al cubo de la basura.
- En el interior de la casa no está permitido correr, saltar o gritar.
- Sólo dejamos comer en las zonas previstas a tal efecto (eso sí, siempre en el momento que se desee).
- No se permite sentarse en las mesas ni subirse a ellas.
- No dejamos que alguien moleste a los que participan en las actividades de grupo voluntarias (todas son voluntarias).
- No permitimos obligar a nadie a que participe en un juego que no le guste.
- No dejamos correr por ahí a los niños completamente desnudos (¡vivimos en una cultura latinoamericana!).
- No dejamos que los niños del jardín de infancia entren en la primaria (salvo en determinadas circunstancias y acompañados por un adulto).
- A mediodía, todos deben irse a casa.

Es una lista más bien larga para un grupo de esta edad. Pero si la observamos detenidamente advertimos que la mayoría de estas normas sirven para proteger y para mantener un entorno relajado que resulte adecuado para el bienestar de todos. Cada niño experimenta una y otra vez que estas normas no sólo están justificadas cuando debe cumplirlas, sino que también le benefician a él y le ofrecen seguridad.

¿SON LOS LÍMITES INSTRUCTIVOS?

Los límites forman parte de la vida. Pero ¿qué consecuencias concretas se derivan de este conocimiento con respecto al trato con los niños? Dado que además los límites son siempre dolorosos, ¿es necesario que les aclare de forma minuciosa su necesidad para que comprendan por qué los pongo? ¿Son quizás incluso una buena oportunidad para explicar a los niños cómo funciona la realidad?

Cuando observo y escucho a mi alrededor cómo se tratan unos a otros en nuestra sociedad −en particular, en situaciones límite−, lo que llega a mis oídos me recuerda en numerosas ocasiones a una discusión teórica. Así puede resultar muy interesante escucharnos a nosotros mismos y a otras personas hablar con los niños:

Un niño −pongamos de unos dos años y en pleno proceso de desarrollo sensomotriz− está totalmente fascinado por un reproductor de CD con todos los botones que giran, las luces que parpadean y esos ruiditos tan geniales que el aparato emite.

Pero es un aparato caro. Se ha estado ahorrando durante mucho tiempo para adquirirlo y los padres no quieren que el niño lo estropee. Así que el padre se toma las molestias para enseñar al niño cómo debe manejar el aparato: «Este botón sólo puedes girarlo hasta aquí, y ese de ahí no puedes apretarlo. Esta tecla la pulsas así y así, y esta otra es para esto o para lo otro. No olvides que no nos gusta la música demasiado alta. Te pido, por favor, que tengas mucho cuidado para que no se estropee…».

O una escena que puede producirse todos los días en cualquier calle. De nuevo tenemos a un niño en edad preescolar. Por supuesto, no queremos que con el tráfico que hay acabe bajo las ruedas de un coche. Los padres practican con el niño la educación vial: «Primero debes quedarte quieto en el borde de la acera. Luego mira a la izquier-

41

da y después a la derecha. Cuando no venga ningún vehículo, cruza rápidamente. Pero ten mucho cuidado. Si no, puede venir un coche y hacer bum. Entonces te morirás y papá y mamá llorarán porque se han quedado sin su niño. Y eso sería muy triste. Así que ten muchísimo cuidado. Y mira primero a la izquierda y luego a la derecha...».

En una ocasión fuimos testigos de una discusión entre una niña de cuatro años y su padre, especialmente preocupado por la comprensión y por la armonía, que pocos minutos después iba a acompañarnos a un seminario que se celebraba en el jardín de infancia.

—Papá, ¿adónde vas?

—A la casa donde está tu jardín de infancia. —El padre intenta obtener la comprensión de su hija.

—¡Qué bien! ¡Entonces voy contigo!

—Lo siento muchísimo, pero hoy no puedes venir. —El padre comienza a ponerse nervioso y no sabe muy bien qué hacer con los brazos de su hija ahora enroscados a su alrededor.

—¿Por qué?

—Porque hoy se celebra un seminario. —Intenta desprenderse del abrazo de la niña.

—¿Qué es un seminario?

—Ahí hay muchos adultos juntos. —No consigue soltarse y vuelve a abrazar a la niña.

—¿Conozco a alguien? —dice sentándose en el regazo del padre.

—Sí, sí, estará tu señorita del jardín de infancia y...

—¡Genial! Entonces voy contigo, mi señorita me gusta mucho.

—Pero ¡imagínate! Allí están todos sentados hablando y hablando sin parar.

—¡Bah! No importa. Me sentaré y escucharé —dice deslizándose del regazo de su padre para ir a buscar su cazadora.

—Pero no vas a entender nada. Para ti resultará muy aburrido.

—No, puedo llevarme algo para jugar. Espera, voy a buscar algo.

—A ver, escúchame atentamente. El seminario va a durar tres horas. No aguantarás tanto tiempo.

—Papi, ¿cuánto duran tres horas?

El padre comienza a sentirse realmente angustiado pues ya es hora de marcharse. Aun así, no puede dejar sin contestar una pregunta de este tipo.

—¿Tres horas? Mira, cuando la aguja grande esté aquí y la pequeña aquí, y giren así… y luego así… entonces habrán pasado tres horas.

—¿Lo ves, papi? Pasará muy rápido. ¿Nos vamos ya? El papá, totalmente apurado, le dice a su mujer: «Rápido, despista a la niña para que podamos irnos. Creo que ya llegamos tarde». Por variar un poco, una escena con un niño algo mayor de siete años. Digamos que quiere alborotar en la sala de estar, lo cual no es de extrañar si tenemos en cuenta que se ha pasado toda la mañana sentado en la escuela. Pero eso supone estrés para la madre y que el bebé que hay en la casa se despierte.

—Te he dicho mil veces que no debes hacer ruido cuando el bebé está durmiendo —le dice la madre—. ¿No crees que sería mejor que hicieras los deberes? Luego más tarde puedes ir a jugar. ¿No? ¿Que no tienes ganas? Entonces vete a buscar tu caja de pinturas, podrías hacer un dibujo. ¿Tampoco? Pues nada. ¿Por qué no juegas con los Lego? ¿O no prefieres mirar un libro de imágenes? ¿O quizás Mikado? ¿O…, o…?

Estos ejemplos ilustran la forma como los adultos, que sencillamente no se atreven a poner los límites necesarios, acuden a estrategias que enredan la vivencia límite, la vuelven borrosa, aparentemente la hacen más aceptable o la convierten en una lección. Independientemente de qué es lo que motiva a los adultos para actuar de esta manera, su actitud básica sería con toda seguridad muy distinta en todas estas situaciones si estuvieran plenamente convencidos de que los límites forman parte de la vida y de que por eso, precisamente con los niños que aún se encuentran muy cerca de los procesos de vida reales, pueden bregar mucho mejor con límites claros que con todos nuestros pretextos y explicaciones que al final acaban desgastando su membrana emocional y cognitiva y con el tiempo generan un malestar latente e inexplicable en el organismo. Pues las vivencias de los límites implican también dolor y las explicaciones que abundan en palabras sólo hacen que el niño no se sienta percibido y comprendido en su enfado y su molestia. En apariencia, sus sentimientos reales, y por tanto él mismo, parecen no estar bien cuando el adulto insiste en que debe ser «razonable». No obstante, este dolor de sentirse ignorado es mucho más difícil de procesar que el dolor concreto de una experiencia límite.

Por otro lado, nos encontramos con personas que se inventan límites porque están convencidas de que ejercen una influencia positiva sobre el desarrollo. Toda nuestra tradición pedagógica está llena de estas escenificaciones. Generación tras generación ha estado sometida a las limitaciones arbitrarias de una autoridad y ha crecido en la creencia de que sólo de esta manera puede alcanzarse una «buena educación» y una preparación eficiente en la vida *real*.

Personas de esta mentalidad son capaces de poner límites intencionalmente en un paisaje por lo demás placentero. ¿Por qué lo hacen?

Un hombre divorciado y una mujer divorciada, ambos con hijos en la edad de la pubertad, se unieron para formar una nueva familia. La mujer descubrió con horror que el hijo de trece años de su marido, tras años de libertad excesiva (y de vida solitaria), había tenido en su vida muy pocos límites. Estaba convencida —y con razón— de que los límites son necesarios. Así que se inventó algunos para que el joven aprendiera el significado de la responsabilidad.

Tenían una lavadora que funcionaba bien. Pero para que el joven aprendiera a tomarse la vida en serio, le obligó a lavarse a mano su propia ropa. Tenían una empleada doméstica que limpiaba la casa, pero el chico tenía que limpiarse su propia habitación. No pasó mucho tiempo hasta que se rebelara, no sólo contra estas medidas educativas, sino contra todo y contra todos.

Éste es un ejemplo bastante extremo, no inventado, que fue analizado en nuestras consultas familiares. Nos muestra lo contrario de los «límites que forman parte de la vida». Por ello, si los límites no son realmente necesarios y se erigen únicamente para obtener determinados resultados o para inculcar obediencia a un niño, dejan de ser límites verdaderos. Más bien pasan a convertirse en absurdidades inadecuadas, tanto para respetar la inteligencia de nuestro prójimo, como para darle la oportunidad de que emplee su inteligencia de forma positiva. Podemos ir incluso un poco más allá: todo «comportamiento con un objetivo», que se produce a partir del deseo de obtener resultados definidos de otra persona, tiene efectos demoledores a corto o a largo plazo ya que no respeta los auténticos procesos vitales.

No obstante, no todos los niños y adolescentes reaccionan mal a los adultos que manejan los límites de forma instructiva. Al contrario, si comparamos todo este aclarar y negociar con otros métodos de educación brutales, estos límites suponen abiertamente un gran avance en la vía hacia el respeto mutuo. Muchas familias están muy acostumbradas a que cada límite vaya acompañado de las preguntas infantiles «por qué» o de aclaraciones voluntarias por parte de los adultos. Para muchos, este tipo de comunicación significa el recuerdo de una clase de dedicación que han vivido cuando eran pequeños. Cuando se propone simplemente marcar límites sin mayor discusión, no faltarán las correspondientes protestas.

Sin duda, los motivos de este fenómeno son muy diversos. No obstante, considero que tienen un origen común, y es que el amor es necesario para sobrevivir y sobre todo, los niños, en su necesidad de ser amados, dependen en tal medida de nosotros que toda dedicación por nuestra parte —sea o no adecuada— es para ellos de una vital importancia. Observemos ahora el escenario de nuestra civilización: los adultos que trabajan mucho con la mente. Adultos que deben ausentarse del hogar a menudo y cuyos hijos casi nunca pueden participar de forma directa en su vida laboral. Adultos a los que debido a circunstancias exteriores y a estados interiores les resulta difícil dedicar a los niños una dedicación no verbal suficientemente adecuada y que sería precisa para satisfacer su necesidad de ser queridos. En este estado de emergencia, las situaciones límite ofrecen oportunidades adecuadas para despertar la atención.

De este modo, el hecho de comunicarse, que debería acompañar toda clase de actividades compartidas o tener su importancia en el momento de contar historias, se convierte ahora en un arte de capturar la atención de sus padres allí donde los niños saben que pueden llegar a ellos, por ejemplo, mediante preguntas hábiles dirigidas a la mentalidad de los adultos. En un medio en el que actuar y estar tranquilamente unos con otros resulta una tarea harto difícil, esta estrategia incrementa sus posibilidades de asegurarse el amor de los adultos. Cuando se trata de límites desagradables, la ventaja de esa estrategia es que una discusión hábil puede llevar a los adultos a los límites de su lógica o de su paciencia. Entonces, en lugar de quedarse en un límite, las situaciones acaban convirtiéndose en manipulaciones mutuas.

En una reunión de padres, un padre, hombre de negocios y político de éxito, defendía este estado: «Pero ¿qué es lo que queréis? ¿Cómo es posible tener éxito hoy en día si no se practica desde el principio la manipulación? Todo el mundo financiero funciona gracias a este arte. A mí al menos me gusta cuando mi hijo me llena los oídos con sus argumentos hasta que logra persuadirme de algo. Es entonces cuando me doy cuenta de que él conseguirá imponerse».

Sin duda alguna, es un argumento acertado si lo que se pretende es contribuir a que nuestra sociedad continúe desarrollándose en la misma dirección que hasta ahora. Pero si soñamos con una convivencia distinta, no nos queda más remedio que buscar nuevas vías para poner en práctica este sueño.

Cuando comenzamos a trabajar con niños, apenas teníamos una vaga idea de los indicadores que nos encontraríamos por el camino que lleva a esta «visión». Pero los años nos han confirmado una y otra vez que –confiando en los procesos de vida– hay que dejar que el crecimiento y el desarrollo sigan su curso y no determinarlos de antemano. Por ello hemos decidido –mediante relaciones no directivas– permitir que justo el organismo joven, cuyas estructuras están aún en el proceso de formación dentro de las membranas protectoras de la vida, desarrolle su propia interacción, motivada y controlada desde el interior.

Los límites forman parte tanto de la realidad interior de todo organismo, como de la realidad del mundo exterior en el cual el niño va adquiriendo sus experiencias. Pero ¿qué vivencia de interacción tiene en realidad un organismo que para actuar correctamente acopla sus vivencias límite con explicaciones, justificaciones o instrucciones? Supongamos que el niño esté justamente abierto para asimilar todas estas palabras y digerirlas. En este caso, en lugar de como un límite que le podría resultar de utilidad para aprender a tratar con límites, lo vivirá como una prueba más de que otros piensan y sienten por él, y que lo más inteligente es escucharles y aceptar sus soluciones siempre que desee evitar complicaciones.

Pero dado que, como ya hemos dicho antes, las vivencias límite suelen ser experiencias dolorosas, resulta poco probable que el organismo infantil esté ahora en el estado preciso para pensar en los puntos de vista de otras personas. Cuando nos duelen las muelas, también nuestra facultad de pensar está limitada. En lugar de muchas palabras, lo que el niño necesitaría sería un adulto que aceptara su dolor, que no quiera intentar desviar su atención o enseñarle, que le deje llorar o protestar sin disuadirle de sus sentimientos ni de sus pensamientos. Una y otra vez hemos comprobado que en los niños que se sienten llenos de viejos dolores, de sentimientos insuperados y de experiencias no digeridas, en el momento en que se establece un límite puede producirse una sensación de descarga o incluso de alivio. No obstante, ello presupone que este tipo de estallido no nos presiona para levantar el límite, al mismo tiempo que aceptamos los sentimientos del niño sin argumentos contrarios ni persuasiones.

Contemplemos una vez más desde esta perspectiva la historia de la niña de cuatro años que quería ir al seminario con su padre. Salta a la vista que la hija realmente no tenía ningún tipo de interés en ir al seminario, sino que sencillamente se sentía triste porque su papá se iba. ¿Cómo podría haber correspondido el padre a esta realidad de su hija y haber marcado el límite en este sentido?

O la engorrosa escena de la calle. Lo importante es que el niño vea primero la calle como un límite claro en su interacción espontánea con el medio que le rodea. Por ello, desde pequeño es preciso que en numerosas situaciones concretas nos pongamos entre el niño y la calle y le digamos: «Sólo hasta aquí», lo tomemos en brazos hasta cruzar la calle o lo llevemos de la mano mientras acompañamos cada una de nuestras acciones con pocas palabras: «Ahora miro a la izquierda. Viene un coche. Espero hasta que dejen de venir coches. Ahora miro a la derecha. No viene ningún coche. Ahora podemos cruzar la calle». Si el niño experimenta desde pequeño que los adultos acompañan todas las empresas importantes con palabras de forma sencilla y clara, más adelante ya no necesitará ningunas instrucciones. Le bastará con que vayamos soltando poco a poco la mano del niño y que más adelante, para nuestra seguridad, le toquemos sólo con las yemas de los dedos. Con este contacto, el niño sentirá nuestra atención tensa, nuestra preocupación por su seguridad y tal vez por la nuestra y acabará haciendo de ella la suya propia.

Repasemos ahora la escena mencionada antes de la sala de estar. Las circunstancias no pueden ser peores, ya que el entorno no es adecuado para las necesidades de este niño de siete años. Sin olvidar que hay un bebé durmiendo. ¿No podría la madre, en medio de su estrés, tomarse algo de tiempo para dejar que su hijo «aterrice en el hogar»? Crear un pequeño descanso, ponerse en el suelo en cuclillas, mostrarle que está contenta de que haya llegado a casa. A partir de esta actitud podría marcarle los límites inevitables, decirle que en la sala de estar no puede alborotar. Puede que entonces, el niño tenga suficiente confianza con ella como para librarse de su frustración escolar o para decirle a qué quiere jugar de verdad. De este modo, la madre se ahorraría en todo caso el tener que ofrecerle todas las actividades de las cuales, dadas las circunstancias, ninguna puede ser la correcta. Los límites que abarcan un entorno adecuado a las necesidades del niño proporcionan seguridad y le hacen realmente sentirse en casa, creando de este modo una base segura para más adelante poder irse de ella y buscar otro tipo de experiencias y otros horizontes que a su vez llevarán consigo sus propios límites.

La sensación básica de sentirse como en casa se produce en la infancia debido a la vivencia de poder confiar en que las necesidades están satisfechas y que uno puede fiarse de los adultos y en un marco de referencias básicas. Esta confianza la experimentamos, por ejemplo, mediante decursos de tiempo rítmicos: el cambio del día a la noche, de las estaciones del año y de las constelaciones que trazan sus trayectorias junto con la tierra. Estas intermitencias y regularidades son estables y fiables y aun así tan llenas de variables que la repetición de los acontecimientos no lleva al aburrimiento, sino más bien a la certeza de que «las cosas van bien». Por este motivo también es preciso vivir las estructuras y los decursos fiables para garantizar seguridad al organismo en crecimiento. Por ejemplo, el hecho de que las comidas ocupen un lugar fijo durante el transcurso del día supone para algunas personas un sacrificio de libertad individual. Aun así, los niños —y no sólo ellos— reaccionan con trastornos de tipos muy diversos cuando deja de haber estos puntos de apoyo fiables a medida que avanzan las horas. Todos éstos son límites, pero cuando se marcan de forma adecuada y en un marco de vida placentero sirven de orientación. Además, nos proporcionan la capacidad para estimar nuestras fuerzas.

Precisamente porque en nuestra sociedad afluyen al individuo tantas influencias, enseñanzas y manipulaciones del exterior, en mi opinión es importante hacer una referencia a esta calidad neutral y a la sutil diferenciación de los límites: los límites son importantes para que uno mismo pueda orientarse y de este modo disfrutar de una atmósfera distendida, pero en sí mismos no son «instructivos». Lo mismo se aplica para las consecuencias que se originan si no se tienen en cuenta los límites. Por supuesto que en este campo reina una gran inseguridad, de forma que debido a una falta de claridad por parte de los adultos para los niños a menudo no es posible que logren entender cómo están las cosas realmente relacionadas entre ellas.

Ahí está, por ejemplo, el niño que derrama el zumo a propósito. Con toda probabilidad, prohibirle que vaya al parque por la tarde no es una reacción adecuada para que el niño aprenda algo sobre las consecuencias de su acción, sino sencilla y llanamente un castigo que lleva a la obediencia.

Hace poco, una madre me contó con evidente orgullo que pintaba a su hija «caras felices» en un cuaderno, comprado expresamente para ello, cada vez que se hacía la cama o realizaba tareas similares que agradaban a la madre. Cuando esto no sucedía, había en el cuaderno «caras tristes». A final de mes se hacía la «contabilidad» y en función del número de caras se compraba un regalo o se imponía un castigo. Ante mi expresión desconfiada se defendió enseguida alegando lo siguiente: «¿De qué otra manera podría acostumbrarse a los niños a límites y a reglas? Al fin y al cabo lo que no queremos es volver a los cachetes. Y estar continuamente gritando y recriminando tampoco tiene ningún efecto».

Cuando se habla de límites, castigos y recompensas, se producen a menudo las confusiones más sorprendentes incluso en aquellos adultos que en otros campos piensan con lógica y con claridad. En situaciones de la vida diaria en las que se debería tomar en cuenta la forma de pensar y de sentir infantil, les resulta difícil relacionar causa y efecto en un contexto de una lógica vital. Un padre —con mucho éxito en el trabajo— argumentó lo siguiente cuando su vecina se quejó de que su hijo de quince años había arremetido por la casa contra su hija de cuatro con una navaja de bolsillo: «Pero los niños tienen que aprender a resolver ellos mismos sus propios conflictos». En otra ocasión, este mismo padre pegó a su hijo con un cinturón porque había estado tocando los botones de la radio y daba a la vecina esta lección: «Si no se enseña a tiempo a estos pilluelos a que respeten la propiedad de otros, puede que incluso acaben convirtiéndose en criminales».

Parece evidente que los adultos —igual que los niños— necesitan numerosas experiencias en el trato diario de unos con otros para con el tiempo intuir cuáles son los límites adecuados y extraer las correspondientes consecuencias. Para muchos es toda una novedad que sea preciso comenzar ya cuando los niños son tan pequeños que «aún no son capaces de entender nada». Durante esta época, las transgresiones de los límites por parte de los niños son aún tan pequeñas que les concedemos poca importancia. Con toda seguridad no vamos a «castigar» a un niño por este tipo de menudencias sino que deberíamos dejar que experimentara una pequeña consecuencia lógica. Sin embargo, nuestras reacciones inconscientes o nuestra comodidad a menudo se convierten en obstáculos en este camino.

- Un niño que acaba de aprender a andar llega a una pequeña elevación durante una de sus excursiones. El niño no sabe juzgar la altura y se cae. El cuidador lo levanta enseguida y lo devuelve a su sitio. ¿Qué experiencias y consecuencias tendrá este suceso en su organismo?

- Un niño que está recogiendo lo que ha derramado necesita más tiempo que nosotros, lo que puede resultar algo cargante. A pesar de ello es preciso que lo acompañemos de forma que se sienta protegido y aceptado y pueda vivir su actividad y sus consecuencias sin estrés.

- Un niño se entretiene jugando y no está listo a tiempo para ir al jardín de infancia. En lugar de meterle prisa miles de veces lo dejamos experimentar que ahora tiene que quedarse en casa, aunque ello suponga que nos tengamos que reorganizar la mañana.

- Hemos puesto la regla de que sólo se lavará aquella ropa que el niño haya metido en el cesto correspondiente. En lugar de poner reparos y acabar colocando nosotros mismos la ropa, realmente la dejamos donde esté. Inevitablemente llegará el día en que el niño no encuentre la ropa limpia que desea ponerse. Ahora es nuestra tarea aguantar su grito de protesta sin sabias réplicas.

- En el Pesta teníamos una niña pequeña que estaba tan llena de vivencias no digeridas que violaba continuamente las reglas de no pegar a otros niños. La consecuencia en este caso puede ser algo así: «No te permito jugar con otros niños. Hoy pasarás el resto de la mañana conmigo». Lo que significaba que yo también debía estar cerca de esta niña exigente y adaptarme a sus necesidades.

Para que estas consecuencias lógicas de límites y reglas no respetados «hablen por sí solas» con neutralidad es importante que no las agüemos ni carguemos con enseñanzas ni amonestaciones. De esta forma, el niño tendrá oportunidad de expresar plenamente sus propios sentimientos y de desarrollar sus propios pensamientos. Es posible que «el niño saque algo de todo ello». Es posible que no lo haga. No es nuestra responsabilidad dirigirlo. Nuestra tarea consiste en acompañar al niño en esta difícil situación de la vida.

Reconozco que la marcación de límites, sin todos los ingredientes habituales, está «en contra de la cultura» y de las costumbres, por lo que una y otra vez nos resultará difícil llevarla a cabo. Ojalá que haya conseguido poner en claro que ello en modo alguno significa que hay que comportarse con brusquedad, reserva o antipatía cuando se defienden límites sin justificarlos o sin justificarse uno mismo, o sin acudir a la compresión del otro. En todo caso, no se da una seguridad efectiva hasta que poco a poco nos vamos dando cuenta de que, por un lado, los límites realmente forman parte de la vida, y por ello, el organismo puede soportarlos, aun cuando puedan resultar dolorosos, y de que, por otro, las relaciones instructivas son inadecuadas e impiden los procesos reales de desarrollo.

LIBERTAD Y LÍMITES

«Pues bien, si resulta que los límites son necesarios, sólo tienes que decirnos cuáles son los límites que en principio deberían ponerse, a qué edad, de qué manera y cuáles serían las consecuencias si no se cumplen.» Este tipo de peticiones —abiertas o encubiertas— son frecuentemente formuladas por padres que desean ofrecer a sus hijos una vida con la mayor cantidad de libertad posible, pero que en esta tarea se sienten como si estuvieran en una especie de tierra de nadie. Porque ¿quién ha acumulado ya experiencia suficiente con la tan ensalzada libertad? En la mayoría de los casos, cuando éramos niños, la hemos conocido únicamente en situaciones excepcionales: cuando podíamos salir «a jugar fuera» después de haber terminado los deberes. O al comienzo de las vacaciones, cuando el mundo nos parecía extenso y abierto; o cuando como adolescentes podíamos crear nuestros propios espacios libres; y más adelante, como adultos, quizás una horita por la noche, cuando los niños por fin se habían acostado; durante las vacaciones o el día de la jubilación...

Pero ¿quién conoce la sensación de libertad en la vida cotidiana, libertad en el trabajo o incluso en las guarderías y en todas las actividades que forman parte de la «vida normal»? En realidad, no es de extrañar que la imagen de una «escuela libre» despierte resistencia en mucha gente, y en otras personas quizás una sensación de melancolía, como si oyeran hablar de una isla paradisíaca a la que no se puede llegar o que queda fuera de su alcance. No importa si la reacción despierta un sentimiento de rechazo o es acogida con simpatía, el concepto «libertad» suscita a menudo una imagen de «ausencia de limitaciones» que por un lado nos atrae y por otro nos infunde temor. Esta palabra evoca todo un panorama de arbitrariedades y al mismo tiempo induce a protestar: «Allí todo el mundo hace lo que le da la gana. De ahí no puede salir nada bueno».

A pesar de ello, el deseo de libertad es considerado como uno de los impulsos humanos más importantes que existen. La historia está llena de episodios que sólo pueden entenderse gracias a esta añoranza. Pero la gran visión siempre ha sido víctima de la cruda realidad que es la vida cotidiana en la que se establecen otras prioridades. De ahí resulta que la falta de experiencia hace que la comprensión de la libertad crezca a duras penas, mientras prospera la creencia en una libertad que podría comprarse con dinero. Por ello, parece aconsejable postergar el deseo de libertad hasta tener las condiciones necesarias para costearla. También los niños son empujados hacia esta vía a edades cada vez más tempranas. Sus espacios libres naturales se van reduciendo visiblemente y a cambio son promovidos en todo lo que «en el futuro puede resultarles de utilidad». Útil para prosperar, es decir, para ganar dinero con el que quizás puedan adquirir un poco de libertad.

Lo malo es que cualquier comprensión, y por tanto también la comprensión de libertad, sólo puede madurar mediante interacción en situaciones concretas. Sin interacción, «libertad» no es más que una palabra nebulosa, una poesía cadenciosa. Podemos pronunciar esta palabra y alegrarnos con su sonido y con las nobles sensaciones que despierta en nosotros. Pero no adquirirá la categoría de concepto hasta que se unan a ella vivencias en las más variadas situaciones y con innumerables variantes. Y dado que la «vida está limitada», hasta que no vivamos la libertad en diversas ocasiones no podremos descubrir ni captar sus múltiples relaciones con los límites.

La libertad figura en el estandarte de todo estado moderno, resulta melodiosa en los himnos nacionales y suena sublime en los discursos públicos. Pero en realidad, no deja de ser un concepto vacío a menos que cada uno cree en su propio ambiente privado −aunque sea con pasos minúsculos− una nueva cultura de libertad. Ello requiere una actividad atenta en el presente, es decir, no postergada, y en consecuencia debería empezarse ya cuando los niños son muy pequeños. Pues justo en ellos presenciamos con mayor claridad la aparente contradicción entre utopía y realidad, entre potencial y ejecución. Como ningún otro ser vivo, los niños pequeños dependen del cuidado y de la dedicación y se encuentran limitados en sus aptitudes. Por ejemplo, su libertad de movimiento está enormemente limitada, y a primera vista parece increíble que sean precisamente estos seres, durante largo tiempo más torpes e incapacitados que cualquier otra cría, los que están destinados a vivir en libertad.

Pero aquellos adultos que durante la interacción con su bebé lactante han aprendido a tener en cuenta y a respetar el acoplamiento casi invisible entre autonomía y dependencia, logran hacer descubrimientos sorprendentes sobre las relaciones entre libertad y límites. No existe la menor duda de que un bebé, para sentirse bien, no necesita una extensión infinita, sino un espacio limitado y protegido. Y sólo cuando se da esta base puede comenzar a utilizar este espacio para desarrollar su autonomía. Es evidente que cuando un bebé tiene la alimentación asegurada o sacia su primera sensación de hambre, comienza a modificar esta interacción vital por medio de sus juegos espontáneos. Lo mismo sucede con la necesidad de un entorno adecuado y protegido que permite desarrollar con pasos diminutos movimientos y acciones propios. Es precisamente mediante esta interacción como el niño, poco a poco, podrá ser menos dependiente y un poco menos libre frente a las condiciones exteriores. De este modo, los límites se desplazan de forma casi imperceptible.

En no pocas ocasiones somos testigos de que adultos en su sed de libertad –por ejemplo, libertad de relaciones y de costumbres anticuadas y libertad para sus hijos– no se responsabilizan de proteger este delicado equilibrio que requiere una base segura que corresponda a la madurez del niño. Así es como llegan a pensar que es totalmente correcto llevar consigo a su hijo pequeño a todos los sitios, incluso cuando podría evitarse: al ruido callejero, al supermercado o a eventos multitudinarios. Si bien es cierto que en estas situaciones es posible que los bebés reciban una gran cantidad de contacto corporal, en contadas ocasiones obtendrán la atención íntegra de sus cuidadores. En este tipo de situaciones, su cuerpecito carece con frecuencia de la base estable que requieren para desarrollar su propio movimiento libre. Además, los sentidos están expuestos a un gran número de impresiones que sobreestimulan al organismo tierno. Muchas de estas vivencias inadecuadas amenazan con adentrarse en el organismo, dificultan su interacción, organizada desde el interior, y le obligan a crear mecanismos de protección contra el medio ambiente. Lo uno y lo otro restringen la experimentación de libertad en la medida en que correspondería a la madurez actual del niño.

Los límites son por tanto imprescindibles para que pueda llegarse a actuar con libertad. Son los puntos de apoyo necesarios para que todo organismo con su capacidad de vivir gracias a sus propias membranas pueda también orientarse en el mundo exterior. Esta imagen puede compararse con los contornos de un rompecabezas sin los que sería imposible componer pieza a pieza un cuadro con sentido. En esta interacción resulta impresionante el fino engranaje entre las limitaciones de las realidades interiores y exteriores y que recuerda a la famosa litografía de M. C. Escher *Manos dibujando*, en la que una mano derecha y una mano izquierda se dibujan la una a la otra. Gracias a esta interrelación, las estructuras del organismo se conforman y se fortalecen, empezando por el tono muscular, hasta la capacidad de experimentar alegría y sufrimiento o de pensar de forma realista.

Puede verse con toda claridad cómo las estructuras poco desarrolladas o debilitadas perjudican la libertad del organismo y lo hacen dependiente. Cuando, por ejemplo, los músculos no sirven al cuerpo para moverse con autonomía, éste se ve forzado a desplazarse con la ayuda de fuerzas exteriores. Allí donde la madurez emocional aún no se encuentra en estado avanzado, el organismo es arrastrado de un lado a otro entre dependencia y defensa con pocas posibilidades de sentirse contento y a la vez cultivar las relaciones con otros sin perder su autonomía.

Algo similar le sucede a quien no se ha ejercitado en crear comprensión a partir de su propia experiencia, en plantear sus propias preguntas confiando en que las respuestas procedan desde el interior, y aunque vengan del exterior, sean coherentes con su propia estructura mental. Las vivencias propias, es decir, la estructuración de la propia interacción sensomotriz con el medio ambiente, los sentimientos y los pensamientos propios constituyen, por tanto, las condiciones básicas para experimentar la libertad.

Niños que durante sus primeros años de vida no han tenido suficientes oportunidades para estructurar su interacción personal con el medio ambiente, se sentirán infelices, perdidos, todo menos libres en un entorno preparado donde se otorgue libertad. Las reacciones pueden ser muy distintas: dependencia de otro adulto o de otros niños, resistencia o incapacidad de aventurarse en situaciones nuevas. Este tipo de modelos de comportamiento son a menudo la consecuencia de una falta de libertad personal. Esto mismo sucede cuando los niños tienen «tanta libertad» que perjudican la libertad de los demás. Los niños –y naturalmente también los adultos– que nos causan preocupaciones o que son objeto de queja, en el fondo sufren una falta de libertad. En estos casos, las características típicas son «tomarse libertades» que no les corresponden, traspasar los límites de los demás o desatender los suyos propios.

En el trato diario con niños en un entorno libre de exigencias y de disciplina autoritaria, nos resulta relativamente sencillo identificar estas faltas personales de libertad. Me viene a la mente un grupo pequeño de niñas de entre ocho y nueve años que en la actualidad sacamos a colación en prácticamente todas las reuniones de profesores. Estas niñas están unidas entre sí como lapas. Ninguna de ellas es capaz de estar sola ni de dedicarse con calma a una actividad individual y encontrar en ello satisfacción. En cuanto llegan por la mañana lo hacen todo juntas, pero también se estorban las unas a las otras en sus actividades. Con frecuencia entran en conflicto, pero las niñas no permiten que ninguna de ellas se despegue del grupo ni siquiera por un momento. Una niña de diez años que tras mucho reflexionar decidió dejar el grupo, se sentía totalmente infeliz y prefería no ir a la escuela antes que buscar su autonomía en el mismo entorno tan lleno de ofertas y de otros niños.

En las charlas de familia intentamos descubrir el origen de esta dependencia para encontrar junto con los padres nuevos puntos de partida para la convivencia. Normalmente, los motivos no son obvios, sino se componen de los más diversos elementos. Puede que sea una mezcla entre intromisión de los padres desde pequeños, una falta de presencia de los adultos, un entorno insuficientemente preparado para los procesos de desarrollo, discrepancias de los padres o su separación, la intromisión de otras personas en asuntos familiares, un gran influjo de los medios de comunicación modernos y límites que se han establecido de forma inadecuada con demasiada amplitud o con demasiada estrechez. Todos estos elementos son fenómenos bastante comunes en una cultura que sigue padeciendo los achaques de una larga historia de tratos irrespetuosos con los niños.

Hace pocos días nos ha visitado una familia joven de Guayaquil que llena de orgullo nos presentó a su hija de dos años. Para que nosotros también la admiráramos debidamente, la pequeña fue continuamente incitada a responder a las exigencias de sus padres:

—A ver, di cómo se llama tu papá. ¿Qué dices? No te he entendido nada. Ahora sí que te hemos oído.

—Venga, cántanos la canción de los polluelos. Pero bien alto. No, no tan alto.

—¿Quieres comer un poco de pasta? Si no comes nada, te pondrás muy fea.

—Dios mío, ahora ha descubierto los caramelos. No, no puedes comerlos. —Pero ella toma uno—. Bueno, vale, pero sólo ese. —El padre quita el envoltorio del caramelo y se lo mete a su hija en la boca.

—¿Sabe usted? Esta niña nos saca de quicio. Desde que ha aprendido a gatear, no tenemos un momento de paz. —A continuación pasaron a describirnos todas las hazañas que con toda claridad remitían a un entorno no preparado. Entretanto, la niña se precipitó sobre el resto de caramelos, pero los padres no se dieron cuenta porque estaban entretenidos desahogándose con nosotros. Los envoltorios acabaron debajo de la mesa.

—¡Ya basta! —le dice la madre sacándole de la boca el último caramelo.

—¿No te da vergüenza? ¿Qué van a pensar de ti estas personas tan amables? Te he dicho que sólo un caramelo. —Los padres se ríen sin disimular el orgullo que sienten porque su hija parece ser más lista que ellos.

La madre añade:

—La niña ha heredado esta mala costumbre de su padre. Si no me hubiera casado con él, continuaría atiborrándose de golosinas.

Así transcurrió la conversación hasta que el descontento de la niña acabó en una pataleta y en unos llantos que hicieron que los padres acortaran la visita. Esta pequeña escena nos sirvió para tomar conciencia, una vez más, de que nuestra intención de tratar a los niños con cariño y respeto sin miedo a poner unos límites claros se desarrolla dentro de un medio en el que este tipo de comportamiento con los demás resulta a menudo extraño.

Dado que en el ámbito cultural general la relación entre libertad y límites se considera como una contradicción o está tan difuminada que nos faltan puntos de partida útiles para la práctica, queremos intentar acercarnos a este problema desde distintos puntos de vista.

Por ejemplo, la historia de los gansos siberianos que cuenta Hoimar von Ditfurth para mostrar un paso importante de la evolución desde una dependencia completa por esquemas de comportamiento rígidos hacia una creciente libertad. Estos gansos son aves de paso que cada año, en un instante exacto, cuando se produce una relación muy específica entre la duración del día y de la noche, inician su largo vuelo hacia el sur. Pero una destrucción ecológica de su hábitat normal hizo que estos pájaros se asentaran unos ciento sesenta kilómetros más al sur de su lugar original. En este grado de latitud, la relación entre el día y la noche se desvía en catorce días hacia delante. El problema es que en ese período de tiempo, los polluelos que han nacido durante el verano aún no han aprendido a volar. Pero la «orden» de migración, es decir, el programa fijado desde hace tanto tiempo como circuito cerrado, no ha variado a pesar de estas alteraciones exteriores. Así que los gansos echan a volar según su programa inalterable «exactamente en el momento correcto». Pero cuando notan que los polluelos no les acompañan, continúan a pie con los pequeños, lo que hace que caigan exhaustos y sean víctimas de los depredadores. Dos semanas después, los jóvenes que han sobrevivido a esta carrera mortal ya tienen las plumas necesarias, y el triste resto de gansos que ha sobrevivido reanuda ahora el vuelo.

Ditfurth muestra con este ejemplo cuán peligrosos pueden ser los esquemas rígidos para la supervivencia y para el desarrollo cuando las circunstancias se alteran, aun cuando estén perfectamente probadas por una larga evolución. Continúa explicando cómo a partir de este dilema ha crecido la necesidad de una estructura interior más flexible, una estructura neurológica que no contiene ninguna programación previa inflexible y a través de la cual el individuo tiene la posibilidad de aprender de sus propias experiencias, de ponderar circunstancias y relaciones, de adoptar decisiones y de aprender continuamente de ellas. Esta nueva estructura es el «neocórtex» o corteza cerebral, que en los seres humanos ha experimentado un desarrollo inconmensurable. No obstante, la corteza, cuyas funciones infinitamente complejas hacen posible en última instancia la libertad interior, tiene su base en las «estructuras antiguas» con sus circuitos cerrados desde hace millones de años.

Aquí es donde identificamos un aspecto importante de los «límites de la libertad», pues en las estructuras antiguas, por decirlo así, está arraigada la sabiduría y la experiencia de la evolución humana. De esta forma, una persona puede decidir dejar de comer o de beber, pero transcurrido cierto tiempo, esta decisión le llevará a la muerte, ya que no puede ir contra las leyes básicas de la vida orgánica. En el acoplamiento entre las estructuras neurológicas «antiguas» y «nuevas» existe un gran número de umbrales, es decir, relaciones entre realidades físicas, emocionales y mentales que influyen unas en otras.

Durante el crecimiento de un niño, este problema de umbrales resulta especialmente llamativo. Cuanto más pequeño es el niño, más sometido está a la insoslayabilidad de sus necesidades instintivas. Si los adultos no tienen en consideración estas regularidades y *necesidades obligatorias* y no les prestan la atención necesaria, provocan las más variadas dificultades y consecuencias negativas. Estas necesidades obligatorias se someten a su vez a un orden estrictamente jerárquico. En primer lugar, e imprescindible para sobrevivir, se sitúa la necesidad de amor y de atención; a continuación las necesidades de alimentación, calor y limpieza; y por otro lado, la necesidad de una interacción con el medio ambiente dirigida desde el interior, sin la cual el potencial humano no podría desarrollarse en su plenitud.

Si reflexionamos una vez más sobre en qué medida depende un niño durante un largo período de tiempo de la dedicación y de la atención, se presenta ante nuestros ojos el drama real de la infancia, ya que todo niño está destinado a desarrollar su capacidad de tomar decisiones propias y así hacerse un hombre propiamente dicho. ¿Es entonces un niño pequeño «menos humano» que un adulto porque sus estructuras para actuar y para pensar por sí mismo aún no han madurado?

Esta pregunta resulta especialmente crítica si tenemos en cuenta que el proceso interior de la toma de decisión presupone capacidades orgánicas y conexiones neurológicas muy específicas. Hace ya algún tiempo que se conocen los estados bioeléctricos del cerebro que nos explican la diferencia entre decisiones personales y acciones inducidas desde el exterior. En una interacción decidida por el propio organismo las mediciones son distintas a las registradas en una actuación determinada o sugerida desde el exterior.* Otros estudios** señalan que la propia decisión de actuar o de no actuar la toma el corazón, mientras que el cerebro organiza las informaciones necesarias, las transmite y, a continuación, coordina la ejecución de la acción.

Como toda función orgánica, también esta capacidad de tomar decisiones debe estructurarse y fortalecerse conforme a un plan interior. Y como en todas las funciones del organismo, el desarrollo sólo será satisfactorio si las circunstancias favorecen el proceso. Si éste no es el caso, hasta las mejores disposiciones acabarán por atrofiarse. También aquí nos vuelve a impresionar el entrelazamiento de condiciones interiores y exteriores. Un niño necesita por tanto circunstancias favorables para poder tomar decisiones dentro de sus propios límites. Para cumplir con esta condición las circunstancias exteriores deben ser favorables para que el niño pueda constantemente practicar la toma de pequeñas decisiones. Si por el contrario las circunstancias exteriores no tuvieran límites o las distintas circunstancias ofertadas fueran demasiado complejas para el respectivo momento de desarrollo, no existiría ni seguridad para actuar, ni puntos de partida claros para este incesante ejercicio de las decisiones.

Retomemos en esta reflexión el hecho antes mencionado de que los niños están sujetos a la presión de las necesidades instintivas de supervivencia y de desarrollo de forma aún más directa que los adultos, cuyas estructuras son menos frágiles y vulnerables, y cuyo pensamiento y fuerza de voluntad pueden hasta cierto punto oponerse a estas leyes biológicas. Se trata por tanto de cooperar con estas necesidades poderosas y con estas presiones interiores del niño. En otras palabras, la libertad que debe experimentar un niño dentro de los

---

* KORNHUBER, H: *Mechanismus of Voluntary Movement.*
** LACEY, J. / LACEY, B.: *Conversations between Heart and Brain. Bulletin of Mental Health,* marzo, 1987.

límites necesarios para practicar la toma de decisiones, se refiere al cumplimiento de sus propias necesidades *auténticas.*

Ello significa que nosotros, los adultos, deberíamos aprender a distinguir entre las necesidades sustitutivas y las auténticas de los niños, ya que en las necesidades sustitutivas no sólo está permitido, sino que en ciertas circunstancias es incluso nuestra obligación, poner límites. Pero ¿cómo aprender a distinguir entre estas dos categorías? Aquí, una vez más, es preciso tener en cuenta diversos factores. Lo que en un nivel de desarrollo constituye una necesidad auténtica, puede que en otro nivel sea una necesidad sustitutiva. En un nivel posterior siempre habrá momentos para reestructurar antiguas vivencias poco satisfactorias, pero además cada necesidad auténtica puede desfigurarse o desviarse por distintas circunstancias de tal forma que pierda su verdadero sentido y exija límites.

Por ello, en primer lugar intentaremos describir a grandes rasgos las necesidades auténticas más importantes en relación con las fases de desarrollo. En este proceso nos damos cuenta de que ciertas necesidades básicas no se encuentran limitadas a una fase determinada, sino que nos acompañan durante toda la vida. Aun así, su importancia va variando en las distintas fases, por lo que su cumplimiento será más o menos trascendental.

Vemos esto con mayor claridad en las necesidades elementales de la supervivencia. Humberto Maturana antepone a todas ellas el «amor», dicho con sus propias palabras el reconocimiento del «otro legítimo» (según su investigación científica, el amor es la fuerza impulsora de la evolución que desde el comienzo ha permitido todo tipo de vida). Como el amor es algo tan fundamental en la vida y, en último término, es la propia vida, nos facilita la clave para innumerables situaciones en las que cualquier otra necesidad entrará en campaña para sustituirlo en el caso de que se sintiera un «déficit de amor».

Todo el mundo durante su vida entera desea ardientemente amor y dedicación *verdadera.* Pero para un recién nacido que acaba de llegar a este mundo, esta necesidad es de una importancia tan primordial y es tan apremiante que efectivamente su supervivencia corre peligro si falta el amor, y de esta necesidad depende en gran medida por qué caminos se encarrilará una persona en su vida. Las demás necesidades de supervivencia, tales como el aire sano, la alimentación y el calor, se sitúan justo en la siguiente posición. Pero también en ellos se manifiesta su mayor prioridad para un lactante o para un niño pequeño en comparación con un adulto. En determinadas circunstancias, un organismo más maduro puede ayunar durante un tiempo más o menos largo, o podría resistir un aire contaminado o unos cambios de temperatura fatales que conllevarían consecuencias fatídicas para un niño pequeño. A primera vista es posible que la posición de preferencia del amor en este escalafón parezca exagerada. Pero los niños nos enseñan algo diferente. Cuando carecen de una atención adecuada, hasta puede suceder que de forma inconsciente pongan en juego otras necesidades de supervivencia: algunos aguantan la respiración hasta que se ponen lívidos y acaban desmayándose; otros rechazan la alimentación o caen gravemente enfermos.

Con razón, las organizaciones de ayuda se ocupan del estado nutricional y de la salud de los niños en los países pobres y en las barriadas de las grandes ciudades. Pero modelos adecuados enmarcados en la problemática de una dedicación conveniente son raros no únicamente en los proyectos para el Tercer Mundo, sino también en los países por lo demás muy desarrollados. En general, esta cuestión a menudo se plantea sólo cuando las personas necesitan terapias porque no saben cómo solucionar sus problemas emocionales dentro de su campo social normal.

Lo que sí es seguro es que cuando falta el amor y la atención, el significado y el umbral de todas las demás necesidades cambian exactamente del mismo modo como nuestro estado y nuestro comportamiento se alteran profundamente cuando sufrimos carencias de elementos vitales tales como el aire, el agua, la alimentación y la temperatura adecuada. Sin esta perspectiva jamás podremos realmente distinguir entre necesidades sustitutivas y auténticas y poner límites de forma adecuada.

Cuando se trata de comer y de beber puede que nos resulte más sencillo distinguir entre necesidades sustitutivas y auténticas. Una alimentación suficientemente sana y completa es una necesidad básica y debería estar a disposición sin enseñanzas ni manipulación. Quien de verdad tiene hambre, también saborea una comida frugal. Tras una marcha larga o tras una buena jornada de trabajo un trozo de pan con una manzana puede caer mejor que la más cara de las comidas. Todo lo que va más allá de la satisfacción de una necesidad alimenticia auténtica, pertenece a la categoría de las cosas a las que no sólo pueden ponerse límites, sino que en caso necesario, incluso *deben* ponerse. Aquí se incluyen todas las golosinas, dulces y estimulantes, aun cuando puedan tener su sitio en ocasiones especiales. Pero cuando nuestro bienestar depende de ellos, evidentemente algo se ha descarriado. Sólo cuando nos atrevamos a poner límites a estos continuos caprichos e imperativos habrá una oportunidad de desenmascarar las causas de estas desviaciones.

Hace poco, una pareja joven se quejaba de que su hijo de seis años se había acostumbrado a vociferar hasta que los padres pedían por teléfono una pizza específica que se entregaba en Quito en motocicleta. Estaban absolutamente desconcertados, pues en su opinión, cuando el niño estaba en ese estado rechazaba cualquier otra comida. Y al fin y al cabo, ellos, como padres eran responsables de que su hijo ingiriera comidas regulares. Los deseos de los niños (o de los adultos) no son siempre tan claramente desorbitados, pero cuántas veces contemplamos escenas en las que los adultos son llevados al límite de su paciencia y de su buen humor por niños que gritan, patalean o gruñen y que bien por conseguir algo de paz, bien por las miradas reprobatorias acaban comprando el helado, los dulces o algún que otro extra que los niños consiguen rogando y porfiando. Con ello no quiero decir que no deba darse a los niños por sistema ningún dulce o ninguna comida extraordinaria, sino que los padres deben definir cierto marco elemental y razonable.

En la necesidad de amor, la cosa se complica aún más, pues de una alimentación sana podemos hacernos en cierto modo una idea clara. Pero ¿quién puede afirmar lo mismo del amor y de una atención adecuada? Por este motivo voy a dedicar a este tema un capítulo propio. En todo caso, lo que sí es seguro es que el amor, como fuerza original de la vida, no puede estar limitado, siempre tiene que estar a disposición, y siempre debe ser cumplida en primer lugar. Sólo en el amor podemos crecer sin correr el riesgo de dar o de recibir demasiado.

Sin embargo, es importante reconocer que este amor ilimitado, absoluto e incondicional es la base de la vida e influye en todos los procesos de desarrollo y de crecimiento. Los procesos auténticos de desarrollo necesitan un amor que respete los procesos vitales y por ello no puede tratarse de un amor ciego, de un amor que podamos confundir con mimos o con eludir las dificultades. A partir de esta diferenciación –amor a procesos vitales en lugar de «amor ilimitado por el niño»– también es posible aclarar los límites que pueden ser necesarios en las más variadas situaciones de la vida.

Por tanto, las necesidades auténticas no son sólo aquellas que pertenecen a la supervivencia de un organismo, sino en igual medida todas aquellas que acompañan el desarrollo y los procesos de crecimiento del organismo. En este caso se trata de una interacción del organismo con su medio ambiente en el sentido más amplio de la palabra, no sólo en lo que tiene que ver con la ingestión de alimento y todas las funciones del metabolismo, sino con el desarrollo de la motricidad, de los sentidos y de todas esas capacidades complejas que conforman el potencial humano.

Estas necesidades están guiadas por un plan propio inmanente al organismo. Durante los primeros años de vida, su prioridad está en una interacción sensomotriz que permite al niño experimentar y concebir la calidad del medio ambiente, pero que al mismo tiempo debe darse en el ámbito de la comunicación humana social para que el organismo joven pueda activar su potencial humano. Alrededor del séptimo año, la motivación primordial de esta interacción lingüística y sensomotriz se traslada a la investigación de las leyes y regularidades que tienen validez en el medio ambiente vivido. De este modo, se satisface poco a poco la necesidad de comprender las relaciones y las correspondencias cuantitativas y lógicas que pueden experimentarse en circunstancias concretas y sociales junto con la capacidad de la simbolización y de la imaginación.

Cuando se haya cumplido este plan interior para una interacción concreta con el medio ambiente, comienza una necesidad auténtica de abstracción y de pensamiento formal que permite al joven dar paso a la inclinación central de la próxima etapa que es plantearse la pregunta: «¿Quién soy *yo* en este mundo?». El acercamiento a esta cuestión le lleva cada vez más a la dimensión de reflexión y de autorreflexión.

Todas estas necesidades son impulsadas y ordenadas por un plan irresistible de desarrollo y de crecimiento. Por ello, no debería sorprendernos que nosotros, los adultos, irremisiblemente nos veamos en un conflicto con estas necesidades, a no ser que preparemos las circunstancias adecuadas en las que la persona que está creciendo tenga la vivencia que la satisfacción de sus necesidades está básicamente asegurada. Si falta un entorno adecuado, surgirán innumerables problemas, por otro lado, si conseguimos organizar las cosas y las situaciones de forma que coincidan con sus necesidades, los niños lo percibirán como señal de nuestro amor.

Imaginémonos un niño que se encuentra en el decimocuarto o decimoquinto mes de vida y que debe arreglarse con el mundo por la fuerza de este impulso interior. En esta etapa, un niño necesita agua, arena, tierra, plantas, animales, un recinto con obstáculos, también muchos tipos de aparatos, y materiales estructurados y semiestructurados fabricados por personas. En este entorno natural y culturalmente enriquecido, este niño debe moverse de las formas más variadas, debe gatear, andar, correr, escalar, saltar, bambolear, girarse. Debe tocar y golpear, presionar, arrojar, llevar, balancear, zarandear, abrir y cerrar, mezclar y agitar, pintarrajear y ordenar, empujar y hacer girar la peonza, romper y doblar, volcar y columpiar, tirar y empujar.

En todo eso necesita libertad para llorar y reír, para expresar dolor, enfado y alegría, la posibilidad de escuchar y de hablar él mismo, y la seguridad de que puede desarrollar su propio pensamiento de tal manera que concuerde con su experiencia. Pero igual de básica que todas estas manifestaciones que activan todo su organismo y le permiten madurar poco a poco es la posibilidad de practicar constantemente cómo tomar decisiones.

Imaginémonos un recién nacido cuyas necesidades son aún relativamente «sencillas». Como ser humano sus primeras interacciones con el mundo exterior están preestablecidas de tal modo que no le puede quedar ninguna duda de qué es lo que tiene que hacer: ahora la primera fase de su crecimiento ha concluido y está asegurada su entrada en la siguiente. Para que el recién nacido adquiera la seguridad de que «todo va bien» necesita el contacto corporal con su madre que —en la mayoría de los casos— de forma «instintiva» coloca al niño en el pecho izquierdo. Allí es donde el niño escucha sus latidos junto con el sonido de su voz, lo que le ayuda a ir adaptando su oído al mundo exterior. El niño ve la cara de su madre desde un ángulo dictado por el programa interior y desde cierta distancia, y de este modo activa sus ojos junto con su capacidad de relacionarse con otras personas. Huele el cuerpo de su madre y con ello activa el sentido del olfato, el sentido que más profundamente une los sentidos, la memoria y la capacidad de crear conexiones nuevas. Cuando la madre acaricia tiernamente al niño, está confirmando la activación de su piel que mediante el masaje fuerte en el canal de nacimiento fue introducido en la función de esta membrana como punto de contacto con el mundo exterior. Y mediante el contacto de los labios del bebé con el pecho de la madre se despierta completamente su reflejo de mamar y su sentido del gusto, unidos con sus ganas de asimilar todo lo que viene de fuera y se ajusta a su estructura interior, y de esforzarse por ello.*

En este proceso «normal» vemos dos cosas. La primera de ellas es que mediante el llamado progreso de nuestra civilización, a muchos lactantes se les niega ya la satisfacción de estas primeras necesidades auténticas. La segunda es cómo los adultos hacen un montón de cosas con el bebé que probablemente son bienintencionadas, pero que no se ajustan a su estructura interior. Poco después del nacimiento llegan las visitas que emocionadas elevan en el aire al recién nacido. Lo acarician y lo besan, hablan y ríen, agitan juguetes ante sus ojos. Cuando esto se produce de forma desmedida, su entendimiento de sus necesidades auténticas se desfigura ya tempranamente, y de este modo se le está dificultando la tarea de seriamente desenvolverse consigo mismo y con el entorno que le rodea.

Enseguida surgen numerosas imágenes ante nuestros ojos de cómo el amor puede convertirse en amor ciego. Allí donde faltan señales claras de una atención auténtica o donde están difuminadas, no tardan en estacionarse las primeras señales de inseguridad, de infelicidad y de manipulación mutua. De estas primeras experiencias vitales surgen muy pronto numerosas confusiones entre las necesidades sustitutivas y las auténticas que tarde o temprano acaban agriando el amor y cargando las relaciones.

---

* Con respecto al tema Bonding, consúltese sobre todo el libro de J. C. PEARCE *Der nächste Schritt der Menschheit.*

Esto se ve con especial claridad en la necesidad auténtica de alimentación. Ésta es una necesidad de supervivencia y por ello encaja con el miedo. El niño tiene hambre: grita porque quiere leche, y este grito despierta en la madre el miedo de si está satisfaciendo sus necesidades. O si el niño no quiere comer, la madre se estremece por su vida. Además, el organismo sólo puede asimilar bien el alimento cuando el entorno es «relajado». De esta forma, en el conjunto de los numerosos factores que se dan en un medio ambiente moderno se agrupan las experiencias de que hay algo que no concuerda con este proceso natural que es la ingestión de alimentos. Puede que la madre no entienda el llanto de su hijo y le introduzca primero la fuente de alimentación en la boca. O puede que mientras le da el pecho no esté «del todo presente», hable con otras personas, mire la televisión o le esté dando vueltas a algún problema.

Un niño crece con esta inseguridad de si el medio ambiente puede satisfacer sus necesidades. Puede que coma demasiado, demasiado poco o que reclame alimentos que no pertenecen a la categoría de necesidades auténticas (como el niño que sólo quería pizza de una pizzería determinada y que venía por entrega especial en motocicleta). No resultan en absoluto extrañas las tensiones que se producen en la mesa: «No, no quiero eso. Haz otra cosa». «No, no quiero el zumo rojo, quiero el amarillo.» O las escenas del supermercado: «Pero yo quiero el chocolate que lleva este dibujo o las patatas fritas que traen un regalito». Lloriqueos, lágrimas, regaños, no saber si hay que ceder o no, eterno disgusto y el miedo de no poder satisfacer las necesidades del niño.

Hace poco vino a vernos una madre con su hijo de cuatro años. Les ofrecí a los dos que se sirvieran de un gran frutero. El pequeño no tardó en precipitarse sobre las mandarinas. Comió una, luego otra, luego una tercera y una cuarta. Me gustaba ver el buen apetito que tenía, pero al llegar a la cuarta mandarina noté que casi ya no le entraba. Aun así cogió una más. La madre se encontraba inmersa en el tema de conversación. El niño la miraba —así me parecía— con la esperanza de atrapar su atención. Me dio la impresión de que la quinta mandarina no era una necesidad auténtica de alimentación, sino un medio de presión, de obtener dedicación aunque fuera a través de un límite. Como la madre no le prestaba aten-

68

ción, el niño me miró a mí y se sintió aliviado cuando le dije: «No, esta mandarina ya no es para ti». Al principio, la madre parecía asustada por mi falta de sensibilidad, pero respiró hondo cuando vio cómo su hijo sonreía feliz.

Pero que se «agrie» el amor y la alegría natural por comer y beber tiene otra perspectiva enormemente importante. Las necesidades de dedicación y de alimentación son necesidades de supervivencia y por ello especialmente críticas. El niño depende completamente de que estas necesidades sean satisfechas por otra persona. Pero no hay ser humano, ni siquiera un lactante, que se sienta feliz sólo por el hecho de sobrevivir. En todo organismo está enraizada la necesidad de desarrollo, y esta necesidad determina desde el interior –de acuerdo a su especie– la interacción que le corresponde con el medio ambiente. Mediante esta interacción «el organismo se hace a sí mismo».* Él activa su programa interior al construir sus estructuras corporales, psíquicas y espirituales y lo hace asimilando los elementos que extrae de su entorno, como una planta que extrae de la tierra, del agua, del aire y de la luz del sol todo lo que necesita y lo asimila como corresponde a su plan de vida. Un ser humano en desarrollo que dispone de amor sin condiciones y de un entorno adecuado, se acopla también a su medio ambiente sin por ello perderse a sí mismo.

Pero madurar para convertirse en una persona significa –en el mismo proceso en que se forman todas las demás capacidades– aprender a tomar decisiones. El tipo de las decisiones posibles depende del estado de madurez de la persona en período de crecimiento, pero en el fondo, el acto de decidirse es el mismo en personas jóvenes como en las maduras. De este acto depende si el organismo humano se siente satisfecho en cada etapa de su desarrollo, pues es el eje para el cumplimiento del programa interior que requiere un encadenamiento lo más rico posible de capacidades motrices y sensoriales, de los sentimientos y de la capacidad de pensar creativamente.

Si aprendemos a captar la forma de expresión propia de un lactante, éste podrá tomar decisiones. Por ejemplo, si ahora desea ser

---

* Véase MATURANA.

alzado o prefiere esperar un momento, si quiere tomar primero su leche y después la papilla de frutas o al revés, o si prefiere el agua del baño más fría o algo más caliente. Es posible que para un adulto todo esto sean cosas sin importancia que ni siquiera merecen la etiqueta de «decisiones». Sin embargo, en esta fase de desarrollo, son justo estas «cosas pequeñas e insignificantes» las que tienen mayor relevancia. Requieren una presencia atenta del adulto cuidador, pues precisamente por el continuo practicar en un sinfín de distintas situaciones, el niño obtiene la confianza de que puede tomar decisiones. Esta confianza mejora su sentimiento vital, da también al adulto la oportunidad para aprender y crecer y prepara el terreno para relaciones armoniosas.

Mano a mano con esta actitud *respetuosa* en el cuidado del niño va la comprensión de que el niño, paso a paso, va creando su autonomía junto con estructuras corporales y mentales. Ahí se incluye su propia forma de locomoción que va desde empujar y arrastrarse, girarse hacia un lado, poco a poco logra sentarse, gatear, levantarse, andar y trepar hasta manipular objetos y orientarse en toda clase de situaciones. Esta evolución se desarrolla felizmente en el niño sólo cuando mediante sus crecientes destrezas puede ir cuidando, poco a poco, de sí mismo, haciéndose cada vez más independiente. Además, el niño necesita al mismo tiempo experimentar en sus actos lo que es la convivencia, la cooperación y la libertad, hacer las cosas no sólo de una determinada manera, sino ir probando cada vez nuevas variantes.*

El hambre de experiencias sensoriales se encuentra estrechamente relacionada con esta necesidad de actuar, de probar y de variar: agarrar y tocar con hambre de tacto; con el oído el hambre de sonidos y de mezclas de sonidos, agudos y graves, altos y bajos; con el olor y con el sabor el hambre de matices siempre nuevos, igualdades y divergencias; con la visión el hambre de luz y de sombras, de perfiles, colores y señales. No es de extrañar que al adulto sedentario, el niño le parezca un pequeño salvaje que amenaza con desbaratar sus hábitos

---

* Con respecto a este tema, véase sobre todo el libro de Emmi PIKLER *Miteinander vertraut werden.*

y sus proyectos fijos con todo lo que desea tocar, comprender y experimentar. No es de extrañar que el adulto intente detener una y otra vez el hacer del niño, o por lo menos canalizarlo de forma que se ajuste a su esquema.

En esta continua preocupación de poner coto al niño en su demanda de vivencias, o al menos dirigirlo o desviarlo, no sólo se derrocha una excesiva cantidad de energía, tanto la del niño como la del adulto. También estamos provocando con ello desaliento y tensiones que nos van a dificultar la convivencia con los niños. Además, se nos escapa el hecho de que el niño, en todo su afán de actividad, una y otra vez busca continuamente por sí mismo tranquilidad y recogimiento, pero a su propio ritmo y no precisamente según nuestro horario.

Mediante todo nuestro prever, guiar y dirigir, estamos robando a los niños un gran número de experiencias significativas, mientras que se menosprecia la importancia de un entorno cuidadosamente preparado en el que los niños encuentran lo que necesitan. Por otro lado, los representantes de una educación libre tienden más bien a permitir cualquier cosa que el niño hace en su sed de actividad o que toma posesión. Todo está bien sólo porque el niño lo quiere, y ni los adultos ni los niños aprenden a tratar con límites.

A la hora de poner límites tenemos que tratar como mínimo con dos factores que se enlazan una y otra vez el uno con el otro y que encierran nuevos misterios. El primero de ellos es la diferenciación entre necesidades auténticas y sustitutivas, y el segundo es la siguiente cuestión: la necesidad del niño sí es auténtica, pero ¿cómo le va con ella en la situación actual?

Imaginémonos de nuevo todo lo que los niños emprenden a partir de un impulso de desarrollo auténtico: tocar y golpear, presionar, doblar y cortar, empujar y arrojar, agitar y mezclar, deshilachar y tironear, apuntar y dar en el blanco, llevar cosas de aquí para allá, meterlas y sacarlas, subirlas y bajarlas, balancearse, apisonar y remover la tierra, comparar y clasificar, correr, saltar y caerse, trepar y columpiarse, ponerse a sí mismos y a otras cosas boca abajo, intercambiar cosas y querer recuperarlas, hablar, cantar, gritar, llorar o dar paso a su enfado. Una pequeña selección de esta lista puede bastar para mostrar ciertas diferencias.

- Tocar y golpear debe experimentarse en muchos objetos y con distintos instrumentos: ¿cuáles son los adecuados y cuáles no lo son? Golpear sobre la superficie del agua es genial, pero ¿qué sucede cuando se salpica a otras personas? ¿Qué sucede cuando se golpea sobre una alfombra o a un ser humano que siente dolor?

- Presionar un cojín o una masa sería adecuado, pero no lo sería una fruta madura que el niño no tiene ganas de comer. Arrebujar una revista no causa un gran daño, pero las páginas de un libro que puede durar muchos años pueden tener demasiado valor para ser víctima de este acto. Cortar verduras o papel constituyen importantes experiencias motrices, pero el acto de cortar el vestido de mamá o las trenzas de la hermana debería ser inmediatamente impedido.

- ¿Existen suficientes oportunidades y objetos con los que los niños puedan experimentar el acto de abrir y de cerrar? En caso afirmativo podemos atrevernos a poner un límite en la puerta por la que la gente tiene que entrar o salir o por la que entra esa terrible corriente que me molesta.

- Empujar y arrojar requieren objetos grandes y pequeños, pesados y ligeros, redondos y cuadrados. Pero los cuchillos, las herramientas, los platos o los vasos tienen unas funciones específicas y representan un peligro activo.

- En el entorno preparado debería haber un gran número de sustancias y de cosas que puedan utilizarse para agitar y mezclar sin correr un grave peligro o sin que represente una gran pérdida. En este caso, podemos poner un límite sin remordimientos en la comida de la mesa o en esos caros productos de tocador.

- Acarrear de un lado para otro todo tipo de cosas, y no precisamente sobre un suelo liso, sino sobre todo tipo de obstáculos, incluso experimentar cómo una taza se estrella o se derrama el zumo, constituyen básicamente situaciones de aprendizaje. Por el contrario, llevar a un gatito o a un bebé y así dar rienda suelta a las ganas de actividad propia a costa de este ser vivo no es nada adecuado.

- ¿Qué objetos podemos poner a disposición para probar con ellos el acto de deshilachar y de tironear? ¿Quizá un tejido deshilachado o una vieja labor de punto? Si buscamos este tipo de alternativas, pondremos a salvo de estas afanosas manos el nuevo mantel o el collar de perlas de la tía.

- ¿Disponemos de tablas, rodillos, neumáticos viejos, una bodega o un desván, o quizás incluso de un trocito de jardín sin cultivar? Entonces, los niños no sólo podrán experimentar con juguetes comprados, sino además apisonar el barro y remover la arena, y podemos quedarnos tranquilos de que no patearán con todas sus fuerzas en el salón ni cavarán en la tierra de las macetas de flores.

- Colecciones de botones, restos de tejido, de hilo y de algodón, todo tipo de recipientes, bobinas, piedras, conchas, semillas, restos de madera del carpintero, hojas, raíces, por poner unos pocos ejemplos, y en caso de que la madre tenga paciencia suficiente, la ropa de la familia, cazuelas, cubiertos y vajilla, brindan una buena oportunidad para comparar y clasificar. De esta forma se consigue preservar ciertas zonas de la casa del acceso del niño como, por ejemplo, un escritorio, la colección de sellos del hermano mayor o recuerdos apreciados por otros miembros de la familia.

- Correr, saltar, trepar y columpiarse resulta especialmente problemático en los pisos pequeños de las ciudades. Una necesidad tan básica y tan poco espacio para satisfacerla. En muchas reuniones de padres oímos la misma queja: «¿Cómo puedo prohibir a mi hijo que vaya en patines por el salón si no tengo tiempo de ir con él al parque? Y de todos modos, la calle es tan peligrosa... ¿Qué alternativa me queda aparte de sentar al niño delante de la televisión?».

Nosotros tampoco podríamos imaginarnos cómo manejaríamos los límites con respecto a las necesidades motrices gruesas de los niños, si las puertas del jardín de infancia y de la escuela no estuvieran por principio abiertas. Por ello, la norma es clara: dentro no se corre, ni se salta, no se dan golpes, no les dejamos subirse a las mesas, ni gritar. Pero todas estas actividades fuera no sólo están permitidas, sino que el entorno está preparado de tal forma que todas estas necesidades puedan satisfacerse ampliamente. Sólo es preciso tomar una decisión: si quiero quedarme dentro, no me está permitido hacer nada de todo eso, pero tengo libertad para salir fuera siempre que quiera.

Un lugar especial en la lista de necesidades de desarrollo auténticas lo ocupan las ganas de hablar y de escuchar. Todo niño viene al mundo con la capacidad de hablar que se ve activada por estar inmerso en un ámbito lingüístico. Incluso cuando faltan instrumentos para oír y reproducir un idioma fonético, el organismo en crecimiento busca vías y medios para satisfacer esta necesidad básica de participación en la comunicación humana. El ejemplo más sorprendente de este proceso es la creación del American Sign Language, un lenguaje de sordomudos propio (un idioma de símbolos no traducido mediante la fonética), como Oliver Sacks describe y explica en su libro *Veo una voz: viaje al mundo de los sordos*.

En el capítulo «Respeto» retomaré de nuevo este tema tan importante, pues considero que en el trato con los niños con lo que más fácil nos resulta atentar contra el respeto es especialmente con nuestro idioma, y a la vez es precisamente el idioma el que eleva la vivencia a una dimensión específicamente humana. En este punto me gustaría sólo subrayar que a un niño que experimenta el respeto por su oído y por su habla, también en determinadas circunstancias se le puede fijar un límite en esta necesidad auténtica. Una y otra vez vemos precisamente en padres «alternativos» cómo sin refunfuñar permiten que sus retoños les interrumpan metiendo baza o haciendo preguntas. Esto resulta fácil de comprender, pues muchas personas, en su infancia, debían por principio «mantenerse calladitos» en presencia de adultos, y ahora, con sus propios hijos quieren hacerlo mejor. Aun así, ese continuo meter baza de los niños puede agotar toda relación normal tanto dentro como fuera de la familia.

Finalmente, me gustaría mencionar esas necesidades auténticas que son expresión directa de la vida afectiva de toda persona y, en particular, de los niños. Se trata de un ámbito que se ha dado a conocer en nuestra época gracias a la creciente importancia de los procesos psicológicos. A pesar de ello, parece que aún sigue reinando una gran confusión en la vida cotidiana.

Entretanto se ha descubierto que el llanto real tiene una función protectora de desahogo. Las lágrimas irrigan sustancias tóxicas del cuerpo, y todos los fenómenos típicos que acompañan el llanto —como el masaje de órganos y músculos y el rebullir de la sangre— liberan todo el organismo de tensiones profundas. Según las estadísticas, las personas que pueden llorar se encuentran más sanas, son más inteligentes y viven más. De ello se deduce que no deberíamos impedir a un niño que llore, sino prestarle toda la dedicación y el apoyo para que no tenga que tragarse su lloro.

Por otro lado, muchos niños han aprendido ya desde pequeños a manipular a los adultos con sus llantos, a utilizarlos como un arma para conseguir algo. Pero esta estrategia se distingue de un «llanto auténtico» por el sonido y por las características corporales (aunque siempre hay algunos niños capaces de derramar a voluntad lágrimas de cocodrilo como por arte de magia). Un lloro manipulador es más bien un gimoteo, un lamento, y en todo caso una señal de que algo en el entorno que concierne a dedicación o a poner límites no corresponde a las necesidades del niño.

A la expresión de dolor auténtico que puede desatarse por el lloro, con frecuencia precede un estallido de enfado o de ira. También eso me parece ser una necesidad auténtica y no negaría a un niño que se desahogara con pataletas, gritos o protestas. Pero aquí también hay límites fijos. Por ejemplo, cuando las pataletas degeneran en patadas a cosas frágiles, o los gritos y las protestas acaban en insultos conscientes hacia otras personas. De esta forma, una madre que se percata de sus propias dificultades y sabe que hay algunas cosas que «ha hecho mal», sí tiene derecho a manifestar que no quiere que la llamen vieja bruja, ridícula o tonta. A menudo vemos niños que justo por un límite fijo, precisamente en situaciones de ira, al principio gritan más alto y al final pasan al llanto de desahogo y así logran encontrar el acceso a la causa real de su disgusto o de su dolor.

Se da el caso de algunos padres e hijos que debido a la confusión de relaciones poco claras aparentemente han desarrollado vínculos inseparables con otro fenómeno auténtico: con el miedo. También en este caso, el desarrollo de la psicología ha prestado unos servicios muy valiosos. Ahora se sabe que el miedo forma parte de la vida y que sencillamente no puede ser eliminado por educación o por explicaciones. Aceptar al prójimo, se trate de un niño o de un adulto, junto con su miedo, permitirle expresarlo para que poco a poco aprenda a tratar sus miedos, pertenece a los logros auténticos de una relación afectuosa y respetuosa. Pero mediante los complicados encadenamientos de amor, de atención adecuada, de respeto por el «legítimo otro», de verbalización adecuada e idioma corporal surgen, precisamente en los padres que defienden la libre expresión de sus hijos, situaciones que exigen límites en otro nivel. Por ejemplo, una madre se quejaba de que desde hace ya siete años no salía de casa por la noche porque su hijo, cada noche, padecería ataques de miedo. La madre me preguntaba si podía arriesgarse a salir de vez en cuando y aun así admitir el miedo de su hijo.

Ahora me gustaría tratar un tema distinto. Por conversaciones y preguntas frecuentes me he percatado de que al parecer en países «progresistas», la *agresividad* en los niños y en la relación con el medio ambiente y con los adultos representa un problema cada vez mayor. En jardines de infancia, en escuelas, en la calle y en los parques, esta realidad parece ser cada vez más llamativa y la impotencia de los adultos cada vez mayor. Pero precisamente en los adultos de libre pensamiento reina en gran medida la opinión de que las agresiones forman parte de las necesidades humanas auténticas, por lo que no deben reprimirse.

«Si alguien te pega, se la devuelves», o mejor aún: «Pega tú primero». Estas expresiones parece que son máximas educativas bastante habituales, y ciertos institutos ofrecen a los niños incluso cursos en técnicas de lucha profesionales. Pero también la televisión contribuye a este estado de cosas, pues sus programas infantiles contienen demasiadas escenas agresivas.

Contra estas tendencias se defienden los adultos pacíficos que no consideran que las agresiones son necesidades humanas auténticas y por eso desean educar a sus hijos conscientemente como personas pacíficas. Hacen todo lo que está en sus manos por evitar juegos de guerra y acciones agresivas, a menudo con el resultado de que lo que desean evitar acaba produciéndose a sus espaldas.

En nuestras reflexiones sobre nuestras experiencias con niños y padres hemos llegado a la conclusión de que es cierto que las agresiones forman parte de las necesidades humanas auténticas, si bien en circunstancias muy determinadas, en concreto, sólo si el entorno es adverso para el organismo y para sus necesidades de supervivencia y de crecimiento. Por ello, sería una irresponsabilidad educar a un niño con el fin de eliminar su capacidad de autodefensa. Pero rara vez se llega al fondo de la cuestión de qué está mal en el entorno de los niños para que tengan que ser tan agresivos.

¿Contiene el entorno los elementos más importantes para sus necesidades sensomotrices? ¿Son los responsables adultos afectuosos y respetuosos? ¿Son las relaciones con otras personas instructivas o permiten auténticos procesos vitales que deben producirse desde dentro hacia fuera para crear un sentimiento de autorrealización y de satisfacción?

Si podemos afirmar con sinceridad que trabajamos permanentemente en mejorar la calidad del entorno y de las relaciones, entonces las agresiones ya no pertenecen a las necesidades auténticas y por ello debemos ponerles límites. Pero no podemos equiparar agresiones con conflictos que los niños deben afrontar, sin la intervención de los padres pero con una compañía segura. Aun así, no permitimos destrozos de material ni agresiones de palabra o de hecho, ya que en un entorno relajado no representan una necesidad auténtica, sino que aportan tensiones al entorno. En todo caso, todo tratamiento de comportamientos agresivos, aunque se haga con muy buenas intenciones y un acompañamiento óptimo, sólo es una solución de emergencia y una chapuza, cuando el entorno no es mejorado en favor de auténticas necesidades de desarrollo.

Un joven europeo que visitó el Pesta me planteó hace poco la vieja pregunta acerca de nuestra regla: «No pegar ni herir a los demás». Este límite iba totalmente en contra de su idea de libertad y en contra del derecho a dar rienda suelta a los sentimientos personales. En ese momento, nos encontrábamos rodeados por más de cien niños que esperaban partir en autobús. Por ello, le planteé la pregunta contraria: «¿Y tú te sentirías relajado si supieras que en cualquier momento los niños podrían pegarte, darte una patada, escupirte o golpearte en la cabeza?».

Es inevitable que nosotros, en nuestro camino de aprender a distinguir las necesidades auténticas de las no auténticas y de relacionarlas con el entorno, nos sintamos una y otra vez confusos. Cuando ya creemos que podemos verlo con toda claridad en un niño pequeño, nos aparecen nuevas dudas a medida que éste va creciendo. Sus contactos, cada vez más frecuentes, con el mundo fuera de la familia se convierten en un enfrentamiento con una civilización que no se caracteriza por priorizar las necesidades de desarrollo humano, sino por favorecer una tecnología altamente desarrollada. Esta tecnología es en muchos casos irrespetuosa con la naturaleza, incluso con la naturaleza humana. Tiene su propia dinámica, que no está impregnada de valores humanos, sino que obedece sobre todo a intereses económicos.

Sólo cuando empecemos a oponer una «nueva cultura» a este entorno tecnológico y mercantil frecuentemente contrario a necesidades auténticas de desarrollo, es decir, si creamos un entorno que permita al organismo joven activar el sentimiento y la comprensión por otro tipo de calidad de vida más rica, sólo entonces los límites adquirirán un sentido positivo.

Había padres, que apenas tenían tiempo para sus hijos y que por motivos de trabajo deseaban vivir en medio de la ciudad, que insistían en que el holgazanear diario de sus hijos de entre siete y nueve años en las videotecas y en los centros comerciales de Quito debía ser una necesidad auténtica, ya que los niños mostraban un interés espontáneo y se organizaban impresionantemente para llevarlo a cabo. Hemos mantenido conversaciones con cada pareja de padres, pero no ha resultado una tarea sencilla hacerles ver que los niños estaban cada vez más confusos, más nerviosos y que eran fácilmente influenciables desde que disfrutaban de esta libertad ilimitada.

Las preocupaciones por el entorno de los niños en período de crecimiento, en su mayoría empiezan de verdad justo cuando llega la pubertad. En los jóvenes que en su infancia apenas conocieron un entorno adecuado y desde pequeños les faltó un marco claro de límites, esta etapa de desarrollo puede convertirse en un auténtico período de crisis. Pues, como ya he dicho, su prioridad es averiguar: «¿Quién soy *yo* en este mundo?». Si en esta búsqueda no han acumulado experiencias suficientes en una actividad autónoma y de esta forma no han podido interiorizar un profundo sentimiento de una auténtica calidad de vida humana, existe realmente el riesgo de que por la influencia de nuestro mundo actual pierdan el contacto consigo mismos y con sus necesidades reales. Entonces es muy probable que su futuro desarrollo transcurra dando grandes rodeos.

Por el contrario, nuestras experiencias con adolescentes que al menos en parte habían vivido en un entorno adecuado, que han experimentado la calidad de vida y la satisfacción de sus auténticas necesidades así como los límites adecuados, muestran un panorama distinto: en sus contactos con el «gran mundo peligroso» son capaces de distinguir entre lo que concuerda con ellos y en lo que sólo participan para conocer la conducta de otras personas, qué les satisface realmente y qué les deja vacíos y agotados. A los adolescentes que están en este estado sólo tenemos que ponerles límites de vez en cuando.

Aquí es donde experimentamos que estos jóvenes desean discutir con nosotros sobre los motivos, pero no para eliminar los límites, sino para poder comprender mejor nuestra forma de pensar.

AMOR

Las necesidades de desarrollo auténticas y sustitutivas, las necesidades vitales y la interiorización de la calidad de vida dependen del entorno, todo ello está interrelacionado en el proceso por el que todo organismo se «hace a sí mismo» dando muchos rodeos, desde la cuna hasta la tumba. En todo caso, no resulta sencillo aprender a distinguir una cosa de otra, pero al menos sí me gustaría intentar aclarar algunos elementos básicos importantes desde distintos puntos de vista, puesto que si dejamos de reflexionar una y otra vez sobre estas conexiones, correremos fácilmente el riesgo de volver a caer en las viejas costumbres durante nuestra convivencia diaria con otras personas (y en particular, con niños) y cederíamos a la presión de patrones de comportamiento generalmente aceptados.

Como el amor es ante todo una necesidad para vivir e incluso para sobrevivir y, por tanto, todas las demás necesidades se ven influidas por su calidad, me parece importante contemplar de forma especial este aspecto básico de la vida:

- ¿Es el amor una realidad que se puede experimentar o se trata tan sólo de una expresión poética fantasiosa?
- ¿Existe en nuestra cultura alguna diferenciación entre el amor y la sexualidad?
- ¿Qué puede hacerse en la estrecha convivencia con el concepto cristiano de amor, y qué significa en la monotonía diaria la exhortación: «Ama al prójimo como a ti mismo»?
- ¿No sería más práctico arrojar por la borda las ideas anticuadas y las expectativas de amor y contentarse con las cosas más cercanas, esforzarnos por conseguir una buena salud mediante la dieta y el ejercicio físico, y ocuparse del éxito, de tener suficiente dinero

para obtener cierto confort, de disfrutar de relaciones interesantes, de los pasatiempos, de las vacaciones o de los *hobbys*?

Si realmente estamos interesados en seguir las huellas de una calidad de vida nueva, será necesario aclarar primero el fenómeno «amor». Como punto de partida me parece de gran ayuda la formulación que Humberto Maturana y Francesco Varela hacen en su libro *El árbol del conocimiento*. Página tras página, los autores describen de forma novedosa la historia de la evolución de la vida en la tierra y llegan a la siguiente conclusión: «La fuerza que hace posible todo este proceso es el amor». En otros puntos del libro equiparan el amor con este concepto: «La aceptación del legítimo otro». Para ellos el amor ya es la fuerza impulsora que hace que una molécula se asocie con otra para juntas cooperar en una estructura nueva común sin que ninguna de ellas renuncie a su particularidad. El mismo principio se aplica cuando células, cada una con su propia estructura y con su propio núcleo, se encadenan juntas en un tejido o en un órgano, cuando los tejidos y los órganos, cada uno en su función específica y a su manera especial, actúan juntos en un cuerpo.

En *Amor y juego*, Maturana describe la diferencia entre dos principios culturales básicamente distintos. Por un lado, una cultura en la que la posesión, el control, la competencia, la lucha contra todo aquello que es diferente, la falta de confianza en la vida y la inclinación por la dominancia son preponderantes. Y por otro lado, una cultura en la que la «aceptación del otro», la confianza en los procesos vitales y la cooperación caracterizan las relaciones entre las personas.

La cultura en la que hemos crecido y la que aún hoy nos rodea muestra una fuerte tendencia por el control y por la costumbre de que unos intentan decidir por otros. No es por tanto de extrañar que también la vivencia de amar y de ser amado se vea teñida por esta predisposición. Poseer, si fuera posible, tener más que los demás y luchar por derechos y privilegios determinan en gran medida la vida pública y privada. En este clima general, también las relaciones «afectuosas» tienden a transformarse en poseer, en controlar, en manipular o en invadir el espacio del otro. Así es como «colmamos a los demás de amor» o «nos colgamos unos de otros». También puede suceder que en la aceptación inconsciente de que las relaciones íntimas lo aguantan todo, descarguemos nuestra frustración contra otros de una forma en la que no nos atreveríamos con personas no tan cercanas a nosotros.

Todas estas reacciones cargan justamente el ámbito privado en el que sí cabría la posibilidad de crear una nueva cultura en medio de un entorno de codicia, de conflictos legales y de dominación por parte del más fuerte sobre el más débil: en la esfera íntima entre parejas, entre padres e hijos, quiere decir en la práctica: entre el dormitorio, el salón, la cocina y el baño. Maturana llega a afirmar en su libro *Amor y juego* que el futuro podría estar influenciado positivamente si los niños, al menos en casa, pudieran crecer en una atmósfera de aceptación mutua.

El primer paso para ello parece sencillo de concebir. Consistiría en aceptar agradecidos que ningún ser —ni tan siquiera nosotros mismos en nuestro momentos más tristes— estaríamos vivos sin la existencia del amor. Puede que ello nos resguarde del dolor vital de que «nadie nos quiere de verdad». Pero como nosotros nos transformamos tanto a nosotros mismos como a nuestro entorno mediante cada interacción con el medio ambiente, avancemos un paso más e intentemos comprender cómo los procesos de crecimiento y de desarrollo son posibles gracias a la influencia del amor. Acercarnos a comprender estas relaciones es especialmente significativo, pues los niños tienen un potencial particular para desarrollarse, y por lo tanto tienen una inconcebible necesidad de amor. Éste es el motivo por el que hacen todo lo posible por conseguir algo de amor, aun cuando ello se produzca dando algún que otro rodeo o recorriendo algún que otro camino sinuoso.

El amor, como primera energía vital, debería estar a disposición de forma natural, pero al mismo tiempo debería poder experimentarse de un modo concreto como «amor sin condiciones». De esta forma, igual que el sol «brilla para justos y pecadores», todo ser humano, y en particular todo niño, necesita la seguridad de que es amado en todas las situaciones:

- Incluso cuando el niño no posee las características que a sus padres les habría gustado.
- Incluso cuando tiene su propio ritmo en sus modos de actuar y de pensar.

- Incluso cuando por motivos inexplicables hace cosas que van contra nuestras costumbres y contra nuestros valores.
- Incluso cuando llora aparentemente sin motivo alguno.

Por desgracia, en no pocas ocasiones, el miedo oculto o abierto que tienen muchos padres a que su hijo, en cierto modo, «no pudiera bastar», o esté en peligro de no avanzar en la vida, resulta perjudicial ya desde la infancia para esta condición básica de la evidente «aceptación del legítimo otro» por la que un niño debería crecer en un clima de confianza en los procesos vitales. Además, con esta aceptación, se ahorrarían muchas tensiones, no sólo al niño, sino también a nosotros mismos.

Esta problemática muestra su lado más oscuro en el destino de muchos niños que –quizás ya desde el vientre de la madre– son repudiados, entregados o abandonados en cualquier lugar, y «recogidos de la calle» por seres misericordiosos o por la oficina de protección al menor. Las investigaciones muestran que los niños que viven estas historias tan tristes, en el futuro sólo tendrán oportunidad de llevar una vida en cierto modo «normal» si durante su infancia al menos un adulto les dedica como mínimo dos o tres años de atención verdadera, ofreciéndoles al mismo tiempo la posibilidad de tener sus propias experiencias. Como este tipo de procesos resulta especialmente difícil en un orfanato para niños con «riesgo elevado», desde hace más de cincuenta años, a pesar de todos los obstáculos y dentro de unas posibilidades limitadas, el Instituto Emmi Pikler de Budapest se dedica intensamente a la tarea de estructurar la atención a los niños de tal forma que se adecue a su necesidad real y sirva por tanto a procesos de desarrollo auténticos.

En nuestro «siglo del niño» existen en todo el planeta innumerables casos de niños que vienen al mundo y crecen sin las condiciones básicas para confiar en la vida. Aparte de los niños abandonados y sin hogar nos vemos apenados una y otra vez por la cantidad de niños que aunque tienen padres que cuidan en cierto modo de ellos, que incluso lucharían como leones si alguien intentara arrebatárselos, sin embargo consideran completamente normal maltratar a sus hijos, o les castigan privándoles del amor si hacen algo que no les gusta.

Hace algunos años hicimos unas vacaciones familiares en una balsa. Recorrimos un río por el litoral de Ecuador durante una semana hasta la ciudad portuaria de Guayaquil. El río serpentea por las zonas más remotas del país. Para innumerables y pequeñas poblaciones o cabañas aisladas sigue representando la única vía de comunicación. No lejos del río pueden verse casas de bambú con tejados hechos con hojas y rodeadas de pequeñas fincas y de restos de selva virgen. Entre la casa y el río hay mucho movimiento: el agua para la cocina es transportada en cántaros y cubos; la ropa se lava directamente en el río y los niños y los adultos chapotean en el agua buscando refrescarse del calor tropical. Por tanto, una situación idílica, lejos del estrés y de las inhumanas condiciones de vida tan frecuentes en las grandes ciudades modernas. Y aun así, desde más allá del río, siempre y en todos los sitios, hasta nuestra balsa, que se desplazaba con lentitud, llegaban los gritos enfadados de los padres. A menudo se oía cómo niños eran brutalmente golpeados por sus padres y que gritaban con desesperación, o cómo los niños se pegaban entre sí, y acababan hiriéndose, y hasta eran incitados por los adultos a ello.

No sólo en el estado de «subdesarrollo» o en las barriadas de las ciudades con millones de habitantes los niños tienen que temer la agresividad de sus padres. Hasta en ciudades pequeñas y agradables donde bancales de flores son cuidados abnegadamente en los jardines y el césped del parque adquiere tanto valor que está «prohibido pisarlo» me he sentido a menudo desconcertada por una ira que se enciende con gran facilidad contra los niños que osaban jugar en la calle, que eran sacudidos por su madre por llorar en público, o que por alguna falta pequeña recibían una bofetada y cosechaban insultos denigrantes. En el terror de estas vivencias me venían siempre a la mente los «niños lobo» que crecían entre animales y nunca podían llegar a desarrollar sus cualidades humanas.

Ante estados de crueldad despiadada nos sentimos desconcertados y desamparados. Pero el problema del amor y de la atención pasa por todas las estructuras y relaciones, incluso allí donde las familias son íntegras, donde el tono del trato es agradable y se fomenta la cultura. Por ejemplo, sentémonos durante una hora en un restaurante donde familias bien situadas, ordenadas y amantes de los niños van a comer un domingo. Los adultos hablan entre sí por encima de las cabezas de los hijos o les hablan con insistencia. En estas circunstancias los niños están frustrados o aburridos y buscan algo que hacer, pero los exhortan a que se comporten bien. No obstante, como los padres quieren entretenerse a su manera, no prestan atención a sus hijos hasta que algo no va bien, y el ambiente se irá poniendo cada vez más tenso hasta que alguien rompa el hilo de la paciencia o la familia, finalmente aliviada o desazonada, abandone el restaurante.

O contemplemos una típica escena casera: el niño llega a la casa lleno de barro totalmente satisfecho por el rato que ha pasado jugando. La madre le recibe y le libera a toda prisa de la suciedad con una mezcla de recelo, de desesperación y enfado manifiesto. Hasta que el niño no vuelve a estar «aseado», no recibirá señales de cariñosa atención. El mismo niño, ahora recién bañado, intenta capturar la atención de su padre, que llega cansado del trabajo, se tumba en el sofá y lee el periódico. ¿Qué puede hacer sin meterse en líos? El niño necesita amor y dedicación, pero en este caso, primero tiene que desarrollar estrategias prácticas. Gracias a su inteligencia encuentra soluciones. Quizás decida deslizarse con cuidado y sin arrugar el periódico hasta conseguir un hueco libre junto a su padre y le pregunte con aire interesado: «Papá, ¿qué dice ahí?».Y con tanto «saber querer» el padre no puede hacer otra cosa por su parte que recibir a su hijo también con amor. Con gran paciencia le enseña a leer y el niño recibe su ración de atención, aun cuando no la haya conseguido de forma «incondicional» sino utilizando un truco.

Las estrategias sobre cómo conseguir atención son muy variadas. Según las circunstancias y las características de los adultos o de los niños para este propósito pueden servir tocar el piano, dominar el idioma o ser inteligente, cariñoso o servicial. En particular, las niñas pequeñas más necesitadas de armonía para sentirse bien encuentran numerosas posibilidades para adaptarse a las expectativas y a los deseos de los adultos de forma que se ganen así el afecto y la atención. Parece ser que, por lo general, los chicos más pequeños no dependen tanto de las circunstancias armónicas y caen más bien en formas de comportamiento que llaman la atención de los adultos «portándose mal» o provocando algún riesgo. Por lo general, no es habitual que cuando un niño necesita atención tenga un éxito inmediato. Supongamos que un niño mira a su madre. Sin embargo, ésta, de forma inconsciente, mira hacia otro lado porque se encuentra ocupada con algo. El niño dice en voz baja: «Mamá», pero la madre sigue hablando con la vecina. La llamada adquiere un tono cada vez más alto hasta acabar en un grito, lloro, pataleta o tirando una silla. La madre se queja enojada: «¿No puedes esperar un momento? ¿No ves que estoy hablando? ¿Tienes que conseguir todo llorando y gritando?».

En medio de una escena cultural en la que algunos comportamientos inconscientes, que pueden llegar hasta la rudeza, la agresión y la vileza, no constituyen en modo alguno una excepción, crece, no obstante, también el deseo de satisfacer la necesidad de amor tan bien como sea posible y de empeñarse por lograr un mejor sentimiento vital. Pero en esta tierra virgen vuelven a surgir nuevas preguntas e inseguridades. Lo único que sabemos con certeza es que ya no queremos tratar a los niños como seres inferiores y de este modo buscamos la forma de escapar de las coacciones de la represión o del abandono, de la adaptación, del condicionamiento y de la domesticación, factores todos ellos que han influido durante siglos en la pedagogía.

No obstante, incluso con la mejor de las voluntades, hoy en día, para los adultos no es precisamente fácil hacer realidad su sueño de una relación afectuosa con el niño. Muchas madres deben o quieren trabajar, ya sea por motivos económicos o porque después de años de formación no quieren dejar pasar sus oportunidades, y buscan, y quizás incluso encuentran, satisfacción en la vida laboral. En los «países progresistas» se les quita en parte la preocupación por los niños: disponen de asistencias para toda la jornada, guarderías, ayudas psicológicas y todo tipo de terapias que prometen compensar el déficit de atención y de condiciones adecuadas de vida para los niños.

Aun así, algunos padres se quedan con cierto remordimiento de que no pasan el tiempo suficiente con sus hijos. Y en este vacío de atención y de falta de entorno adecuado confluyen a menudo de forma inadvertida manifestaciones de amor que a pesar de las mejores intenciones no satisfacen del todo las necesidades auténticas. Me refiero a los regalos o las golosinas que en parte pueden consolar al niño por la ausencia de los padres. O padres que creen que es justo y equitativo que el hijo se quede levantado con ellos hasta tarde, vea la televisión o pueda ir con ellos al cine. En algunas personas, la mala conciencia se plasma en numerosas manifestaciones de amor, de besos y de abrazos o en estrecharse entre los brazos uno a otro como suelen hacer los enamorados. En todas estas situaciones les resulta especialmente difícil a los padres poner límites a los niños, negarles algo o dejarles que se enfrenten a obstáculos de manera autónoma. Los niños podrían dudar de nuestro amor y: si he pasado tanto tiempo fuera, ¿por qué no iba a hacer algo por mi hijo si me lo pide?

Vemos por tanto cómo las circunstancias también pueden ser muy difíciles para los padres. Además, se requieren decisiones personales para facilitar a los niños la experiencia de amor y de atención junto con un entorno adecuado. Aun cuando se acepte este proceso con toda seriedad, uno choca con sus propios límites, con incertidumbres y con viejas costumbres y se pregunta una y otra vez cómo el ideal de amor verdadero hacia el niño puede ser combinable con los límites.

¿Pueden los adultos llenos de amor estar en todo momento a disposición de su hijo y dedicarse a él en cuerpo y alma, subordinando todo lo demás a esta prioridad y dejando atrás las necesidades propias, en cuanto el niño exige atención? ¿Deberían los niños poder hacer cualquier cosa, recibir todo lo que les apetece, no adaptarse a nada, estar en todos los sitios y dar paso libre a sus necesidades para que en ningún momento duden de que para nosotros son lo mejor y lo más importante que hay sobre la tierra?

Tan pronto como nos hayamos convencido de que la libertad y la autonomía no pueden desarrollarse cuando un niño no está seguro de nuestro amor, y de que nosotros somos los responsables de satisfacer esta necesidad, no faltarán dudas ni confusión. Aquí son las madres las que se sienten inseguras con especial rapidez. ¿Cómo van a poder «mantenerse firmes» si *sienten en sí mismas* los deseos, los sufrimientos y los problemas como si de los suyos propios se tratara? Esta experiencia tan frecuente invita a otra reflexión.

Hemos partido de la idea de que el amor y los procesos vitales están estrechamente relacionados entre sí, que estos últimos transcurren protegidos por membranas, interactuando todo organismo con el mundo exterior desde dentro hacia fuera en conformidad con sus necesidades moldeadas por la propia estructura. El organismo del niño madura durante el embarazo en el interior de la membrana materna y forma parte de su metabolismo. En el nacimiento, el niño abandona la membrana física, pero primero debe seguir madurando para independizarse del mundo de los sentimientos y de las ideas de su madre. Digamos que estas dos membranas –la membrana emocional y la cognitiva– en la madre no están del todo intactas debido a sus propias experiencias de la infancia. Puede que estén agujereadas, incluso algo abolladas o que se extiendan en gran medida hacia el medio ambiente, de forma que no esté del todo segura sobre qué es lo que ella misma siente y qué es lo que siente el niño. El proceso necesario que implicaría dejar salir al niño despacio y con seguridad de la membrana protectora se ve dificultado por ello o incluso impedido. En lugar de percibir la voluntad y los sentimientos de su hijo allí donde toca, es decir, como expresión de otro organismo, la madre se siente permanentemente dividida, ya que los sentimientos del hijo parecen completamente mezclados con sus propias emociones. Se siente arrastrada de un lado para otro, en algún momento se deja vencer, en otro se cierra frente a la invasión de sentimientos extraños y le resulta difícil «amar a su prójimo como a sí misma». El resultado lógico es una manipulación mutua y la frustración de no poder nunca contentar a todos.

Por tanto, el amor sólo puede vivirse con claridad cuando los organismos de los amantes no «confluyen unos en otros» ni se «absorben unos en otros», sino que cada uno siente sus propias membranas y límites con claridad y en este estado de *estar en sí mismo* emite al otro una señal de que es percibido, aceptado y amado. Como los niños se encuentran en pleno desarrollo biológico –cuanto más jóvenes con mayor intensidad–, estas señales están sometidas a un plan previamente concebido por la evolución de nuestra especie. Por tanto, no podemos comprobar nuestro amor «de cualquier manera», sino que necesariamente tenemos que obedecer las leyes de la percepción implícitas en nuestra biología para que nuestra atención sea de valor para los niños.

En otro capítulo del libro he esbozado brevemente cómo los recién nacidos adaptan sus sentidos a su nuevo medio siguiendo un «esquema» fijo. Cuando todas las señales están bien, se detiene la producción de las hormonas del estrés necesarias para el nacimiento. Se produce entonces un estado de relajación. El niño sabe que todo está bien y que es sustentado por la vida. Pero toda esta activación de los sentidos debe confirmarse una y otra vez. Una y otra vez, el niño necesita la visión de la cara de la madre, el suave roce de sus manos, su afecto, es decir, un plácido acercamiento a él, la inclinación de su cuerpo, su voz suave que acompaña cada movimiento y cada acción. Cuando todos estos sucesos se repiten fielmente, crece la confianza del niño de que todo va bien, de que no tiene que luchar para obtener amor y dedicación, de que no tiene que hacer nada para ello. Al mismo tiempo se refuerza el sentimiento en el adulto de que es competente en su responsabilidad de velar por su hijo.

Pero en realidad, estos primeros encuentros entre adultos y niños tienen a menudo un aspecto muy distinto. En la exaltación del amor, los adultos suelen hacer cosas que no se acomodan al programa de desarrollo del niño. Puede que continuamente sea alzado, pasado de mano en mano y besado, colmado de palabras y sonidos entusiastas. Es posible que se le intente deleitar con buena música procedente del equipo estéreo o incluso entretenerle con un programa de televisión. Quizás se coloquen ante sus ojos juguetes mecánicos para que el niño tenga algo interesante que ver y que oír.

A medida que el niño va creciendo, la atención sigue significando algo muy específico. Para que no dude de nuestras buenas intenciones, debemos dirigirnos a él en cuerpo y alma, es decir, con todo nuestro cuerpo, con la mente, con los ojos, con los sentimientos y con los pensamientos. Si nuestros cuerpos entran en contacto directo, éste debe ser un contacto respetuoso que se ajuste a sus verdaderas necesidades, no una manipulación del cuerpo infantil, ni un avasallamiento o un suministro de dosis de caricias.

Adultos que tienen prisa y que tienden a aproximarse a las cosas más con la cabeza que con una percepción de todo su cuerpo y de sus sentimientos sucumben a menudo a la tentación de dirigirse a los niños de la forma más cómoda para ellos. Hablan con los niños desde una gran distancia, desde arriba, o conversan con ellos con gran énfasis y con verdadero interés, pero de manera lógica y causal típicamente adulta. Si entonces perciben que algo no va bien, su voz se torna más insistente o sus palabras más doctrinales.

Para que un niño crezca realmente con la confianza de que es amado, nosotros, los adultos, deberíamos interesarnos también por la forma como nos percibe a nosotros y a nuestra atención, es decir, deberíamos intentar vernos a nosotros y a nuestro comportamiento a través de los ojos del niño. Si hacemos esto, nos daremos cuenta de que nuestras manifestaciones de amor están limitadas por las regularidades de los procesos vitales. Sin este aspecto importante, nuestras mejores intenciones de dar amor al niño caerán muy pronto en lo absurdo. Si no tenemos en cuenta estas regularidades y no tomamos conciencia de la calidad de nuestra atención, el niño nunca tendrá la certeza de que ésta es real y no se sentirá feliz aunque podamos permanecer siempre a su lado.

Por fuerza nuestra atención se encuentra una y otra vez limitada temporalmente. Aun cuando no salgamos a trabajar fuera de casa, necesitamos tiempo para diversas cosas: para las tareas del hogar, para otros miembros de la familia, para vecinos o amigos, y finalmente para nosotros mismos. Muchos padres se quejan de que sus hijos les requieren precisamente cuando no pueden prestarles atención: cuando la comida está en el fuego, cuando suena el teléfono, cuando ha venido una visita o cuando van al baño. Este patrón de comportamiento es una señal de alarma: ¿tiene el niño la experiencia de que el adulto le da regularmente atención sin que tenga que pedirla? ¿Está realmente presente cuando atiende las necesidades físicas del niño —a la hora de la comida, al asearlo, vestirlo o desvestirlo—, no sólo a medias, con la vista apartada y con las palabras y los pensamientos en otro lugar?

Todo ser humano, y muy especialmente los niños, necesitan vivencias concretas que le demuestren que es atendido y que se le da importancia. A partir de estas experiencias repetitivas que se confirman de nuevo, crece un sentimiento de confianza que se convierte en una base para desarrollar la autonomía y para tener ganas de descubrir el mundo. En este estado, el niño no vuelve a cada momento para asegurarse de que no está abandonado. Durante períodos cada vez más largos, se dedicará a sus propias empresas dando de este modo libertad a sus cuidadores para que resuelvan sus propios asuntos. Una y otra vez, el adulto interrumpirá su propia actividad para interesarse por lo que hace el niño sin por ello interrumpirle o dirigirle. Precisamente estos momentos de atención, en los que el niño realmente no necesita al adulto y ni siquiera ha solicitado su presencia, aportan las pruebas más claras de un amor sin condiciones.

Creo que ahora ya no resulta difícil comprender que un niño que se siente seguro de este amor básico y de esta aceptación, también puede aceptar que en algunas situaciones tenemos que poner límites a la atención. Esto puede suceder, por ejemplo, cuando salimos de una habitación o de casa sin que podamos llevárnoslo con nosotros. O cuando queremos hablar con alguien sin que nos interrumpan, cuando debemos finalizar un trabajo o permitirnos un descanso. Pero lo importante es que cuando vayamos a poner límites, lo hagamos con la atención adecuada, al menos durante un breve momento. Por ejemplo, me encuentro en medio de una conversación y mi hijo me llama. En lugar de decir de pasada que ahora estoy ocupada, interrumpo mi conversación un momento, me dirijo al niño, establezco un contacto directo con él y le digo que ahora no puedo estar con él.

Cuando somos responsables de varios niños, ya sea en familia o en grupo, esta forma de actuar es particularmente beneficiosa. Cuando se trata de hermanos, y muy especialmente, de gemelos, puede suceder que ninguno de los niños tenga suficientes vivencias de *atención exclusiva*. Esto lleva a un círculo vicioso: el sentimiento de falta de dedicación lleva a un niño a inmiscuirse en cuanto el otro recibe atención y hasta que la madre, finalmente, desesperada, pide ayuda para no salirse de sus casillas. Siempre que nos hemos atrevido a poner límites fijos utilizando señales y palabras claras a un niño que requería nuestra atención mientras estábamos con otro niño, las situaciones se han relajado notablemente poco después. Pues el niño que vive en carne propia estos límites, en la próxima oportunidad experimentará que él mismo recibe atención exclusiva, mientras su «rival» debe esperar. De este modo, las madres se calman poco a poco y desaparecen las continuas interferencias y peticiones de atención.

De todo ello se deduce que precisamente al poner límites con verdadera atención se generan situaciones especiales en las que los niños no experimentan rechazo ni enfado, sino amor. Si no quiero permitir que mi hijo ande manoseando el tocadiscos, me decido por la vía corta y directa de poner límites. Primero, no intento hacer como si no lo estuviera viendo para luego reaccionar justo cuando ya no aguanto más. No pido que respete mi propiedad ni que comprenda el valor que tiene para mí y tampoco discuto con el niño por su travesura. En su lugar, me coloco yo como límite viviente entre mi costoso aparato y mi hijo. Adoptando con el cuerpo una clara postura, con la mirada y con palabras firmes le digo que no le permito jugar con ese objeto. Sólo en contadas ocasiones será preciso mantener al niño alejado físicamente del aparato.

En lugar de una prohibición que podría acatarse o eludirse dependiendo de su humor, el niño se ve frente a alguien que no le deja hacer lo que quiere, que no le rechaza como persona, sino que se planta con las señales de una ya conocida *presencia que le ama* entre él y «esa cosa que no puede tener».

Aun así, los límites no dejan de ser dolorosos. Nadie corre contra una pared sin hacerse daño. En particular, niños con un viejo dolor —causado quizás por un nacimiento difícil, por enfermedades, por un entorno o por un tratamiento inadecuados— a través de vivencias límite rápidamente toman contacto con sentimientos dolorosos guardados y tal vez se desahogan primero vociferando o gritando. Si aun así el límite permanece fijo y el adulto no invalida los sentimientos del niño con explicaciones, éste, gracias a la presencia adulta que proporciona seguridad, puede estallar en un lloro desgarrador que disipe viejas tensiones.

Con creciente experiencia aprendemos a adaptar las señales que emitimos a las necesidades reales del niño a partir de su reacción. En este proceso, nuestro contacto corporal se vuelve como por sí solo más respetuoso, nuestra postura y nuestra voz más naturales y toda nuestra conducta más relajada. No obstante, esto no significa que no podamos expresar un enfado real cuando el comportamiento de un niño nos ha tocado un punto débil.

Para que nuestra presencia a la hora de poner límites tenga realmente un sentido, no deberíamos perder de vista la calidad del entorno preparado. Pues ¿cómo van a saber los niños que realmente los amamos, si no encuentran en el entorno algo que corresponda a sus *auténticas* necesidades?

Deseo detenerme brevemente en la expresión «presencia», pues puede ocasionar nuevas dudas. Pero sin nuevas dudas, nosotros, los adultos, no tendríamos ninguna necesidad de nuevas comprensiones y tampoco habría un proceso de desarrollo. Algunos de nuestros padres, en su intento de acabar con su tendencia a dirigir a sus hijos, caen fácilmente en la tentación de abandonar a sus hijos a sí mismos. Los niños que pasan la mañana en una escuela libre, que inventan muchos juegos y ocupaciones e invitan a amigos a sus casas, ciertamente pueden aparentar que no requieren la presencia de los adultos en todas estas actividades. En ocasiones, ello puede llegar hasta el punto de que los niños incluso cocinen y coman con entusiasmo y a menudo durante largas horas parezca que no tengan ninguna necesidad de compañía adulta.

Con el tiempo hemos observado ciertas cosas que nos inquietaban en aquellos niños que solían pasar mucho tiempo solos. Aparecían a menudo como una «pandilla» que presentaba claras muestras de jerarquías con «cabecillas», peones y llamativas dependencias mutuas. Los niños, por sí solos, rara vez se dedicaban a una actividad propia y como individuos claramente no se sentían bien en su propia piel. Con los adultos, «estos pandilleros» se mostraban más bien cerrados. En la medida de lo posible evitaban el contacto con ellos y buscaban atención y seguridad casi exclusivamente dentro de su grupo. Este tipo de comportamiento impedía ampliamente que los niños contemplaran e imitaran cosas nuevas de los adultos, como sucede en toda convivencia natural entre mayores y jóvenes. Casi nunca se interesaban por sus conversaciones que, por lo general, atraen la curiosidad de los niños, más bien calmaban su hambre de nuevas ideas y de información con los medios de comunicación o con el intercambio de opiniones con otros niños de su edad.

Con esta solución de no entrometerse en la vida de los niños pasando poco tiempo con ellos, los adultos reducen sin duda a un mínimo absoluto su práctica de poner límites. Sin embargo, el déficit de asistencia y de presencia que se produce a raíz de esta solución tiene consecuencias negativas para ambos, para adultos y para niños. Pues todo proceso de desarrollo necesita calor, luz y energía. Igual que cualquier ser vivo depende del sol, así todos los niños dependen de la presencia afectuosa de al menos un adulto. Es como si su atención les brindara un ambiente de calor y luminosidad en el cual también el adulto es fortificado.

Niños que reciben suficiente dedicación se alejan paulatinamente durante más y más tiempo, establecen mayores distancias con el adulto y siempre dan pasos cada vez más grandes para adentrarse en el mundo. Pero este afán de actuar recibe sus impulsos del plan de desarrollo interior que los niños siguen de forma inconsciente cuando las circunstancias lo permiten. La proximidad física y la presencia interesada del adulto actúan como una fuente de energía que calienta al niño desde cierta distancia. Al mismo tiempo, en este proceso, el adulto adopta la función de un espejo que refleja al niño sus actos y conductas. Pues al niño, cuya capacidad para autorreflexionar aún no está madura, se le plantea de forma inconsciente la siguiente cuestión: «¿Qué ve el adulto cuando me mira?».

Así es como gracias a la presencia afectuosa y respetuosa de un adulto en el niño se satisface una necesidad de integridad humana. Su propia situación es reflejada e iluminada, y a su vez, el adulto puede aprender a respetar algunos límites: a qué distancia puede acercarse, con qué exactitud puede mirar, cuándo debería permanecer callado y cuándo acompañar las actividades con palabras. Tal cercanía no resultaría agradable ni para el niño ni para el adulto si no fuera llevado por el amor, es decir, por la aceptación del otro. Así, el punto de partida de que sin amor no seguiríamos con vida es ampliado y confirmado de muchas maneras. Con cada una de estas experiencias crece la certeza de que el amor puede experimentarse de forma concreta y que puede proporcionar calor y claridad inclusive en las situaciones más cotidianas.

RESPETO

El amor, aunque sea sentido de una forma profunda y abnegada, puede amargar cuando carece del respeto necesario. Sin duda alguna, esto es verdad en toda relación afectuosa, pero en el trato con los niños resulta especialmente importante saber identificar y entender estas relaciones. Para recibir amor y atención, sacrifican si es necesario su libertad. La única posibilidad de impedirlo es, que al mismo tiempo, el amor se compagine con el respeto.

El amor es omnipresente allí donde hay vida. Actúa en el interior y en el exterior, lo penetra todo, lo une todo, irradia, lo calienta y lo sustenta todo. Pero el respeto impide que se abuse del amor para poseer, controlar y manipular. El respeto significa no barrenar ni desviar las percepciones, las valoraciones y los procesos de decisión del «legítimo otro», no perforar las membranas del otro, no perturbar su interacción desde dentro hacia fuera ni sus propios procesos de desarrollo.

Por tanto, respeto al niño. Pero ¿no nos resulta muy difícil poner límites a alguien a quien respetamos? ¿No existe el riesgo de que le permitamos todo al niño, como «persona de respeto», de que estemos a su servicio en todo, de que a pesar de toda duda le demos todo lo que pide?

Para salir de este dilema preferimos hablar de «respeto a los procesos vitales» en lugar de «respeto al niño». Ello nos obliga a volver a aclarar para nosotros los procesos vitales en cada nuevo caso específico, y de este modo establecer una relación entre el amor y el respeto y la comprensión. Pues a fin de cuentas, no sólo los niños, sino también nosotros mismos somos parte de estos procesos vitales. Por tanto, los límites y el respeto no implican actitudes inflexibles, sino que son ingredientes de una interacción dinámica, una acción conjunta en situaciones concretas que se vivencia siempre desde distintos puntos de vista: los adultos tienen que poner límites cuando desean cooperar con el proceso vital de un niño y van ganando experiencias en cómo poner los límites de manera que cada uno pueda seguir su propia vía de desarrollo.

El respeto a los procesos vitales se convierte por tanto en la base de nuestro amor por el niño. Nos desconcierta cuando nos oímos a nosotros mismos hablar de «mi» hijo o de «mi» amor. ¿Qué significa «mi»? ¿Y se corresponde con estas palabras nuestro comportamiento concreto con el niño? ¿Son acaso una sustitución o una compensación de una presencia insuficiente o de un comportamiento falto de tacto? ¿O a lo mejor es una expresión de posesión de otro ser humano?

Escuchemos por una vez atentamente qué timbre de voz utilizamos para hablar con los niños sin ninguna autocrítica: va desde un susurro nada natural hasta un tono áspero, desde hablar por encima de sus cabezas hasta hacerse el gracioso; todo tipo de variantes que en el trato con otros adultos resultarían algo ridículas o incluso groseras (según parece aparentemente salvo con personas mayores o enfermas, a las cuales a menudo tratamos como niños).

La situación con el contacto físico no es mucho más halagüeña. Generalmente los niños necesitan este contacto y en la mayoría de los casos lo buscan, eso queda fuera de toda duda, sin olvidar que a menudo hacen todo lo posible por conseguir la atención física. Si no la reciben de forma voluntaria, es posible que se «cuelguen o se peguen» a alguien, que se debiliten o caigan enfermos, o que se ganen alguna bofetada. Todas estas formas de comportamiento tienen que ver con transgresiones de límites que también perjudican el bienestar de otras personas, por ejemplo, de los padres. A la larga, no encontraremos ninguna escapatoria del círculo vicioso para las molestias mutuas a no ser que aprendamos a proporcionar contacto físico, y con él, amor, de forma voluntaria y respetuosa.

Después de haber visto un documental sobre el trabajo que se realiza en el Instituto Pikler de Budapest, una mujer joven preguntaba con preocupación: «En ninguna escena he visto que una cuidadora bese a un niño. Entonces, ¿cómo van a sentir estos niños que son queridos si no se les besa ni acaricia?». Evidentemente, esta mujer había vivido en sí misma el amor a través de estas atenciones que pueden ser adecuadas en momentos muy especiales, pero no en las actuaciones cotidianas del cuidado. Pues de lo contrario habría descubierto que incluso el roce más insignificante en las situaciones de cuidado cotidianas, las miradas, las posiciones del cuerpo, y aun el modo de hablar a los niños estaban caracterizados en esta película por un *respeto afectuoso*.

Abrazar a un niño, acariciarle y besarle son con toda seguridad señales maravillosas de amor y de atención. Pero estoy convencida de que serían menos frecuentes, más delicadas y por tanto más valiosas, si en nuestra interacción normal con el niño estuviéramos más *presentes*, es decir, fuéramos más afectuosos y respetuosos. Esta limitación en el contacto íntimo estaría más que compensada por otro tipo de contacto. Nos acostumbraríamos a captar las señales casi imperceptibles del niño que proceden de su necesidad de amor.

Algo similar ocurre con nuestra forma, a menudo inconsciente, de acercarnos a los niños, por ejemplo, de hablarles sin haber establecido contacto con ellos a nivel no verbal. Sobre todo los niños utilizan todavía todos sus sentidos para establecer contacto con el mundo exterior. Se orientan por nuestra postura, por nuestra mirada, por la expresión de nuestra cara, por nuestro olor, por los sonidos que producimos. Si no les damos tiempo suficiente para registrar todas estas percepciones, y sencillamente nos dedicamos a hablar con ellos, entonces acabaremos transgrediendo el respeto a su propia forma de percepción.

El deseo de practicar el respeto para los procesos vitales nos pone por ende a nosotros, los adultos, límites muy específicos. Sólo cuando aprendamos a tratar con ellos, los niños aceptarán los límites necesarios sin demasiadas dificultades. Tenemos que dar el primer paso, que consiste en establecer una diferencia clara entre nuestra interacción con objetos materiales, por tanto «inanimados», y con organismos vivos. Evidentemente no nos comportamos de la misma manera con una piedra o con un aparato que con una planta o con un animal. Colocamos las cosas como nos viene a la mente, apretamos un botón de una máquina o accionamos una manivela para poner en marcha algo concreto. Pero en el trato con plantas o con animales necesitamos empatía, conocer sus necesidades y tener paciencia, pues sus necesidades son las que corresponden a su estructura interna y a su propio plan de desarrollo.

En la época de vertiginoso desarrollo tecnológico aumenta el riesgo de tratar igual a organismos vivos que a objetos carentes de vida. Jerry Mander, en su libro *In the Absence of the Sacred*, explica que nuestra civilización occidental, orientada hacia la utilidad y la explotación, ha perdido la intuición y la comprensión de las verdaderas relaciones de la naturaleza. No es por tanto de extrañar que transgredamos continuamente límites en nuestro trato con la naturaleza y que nos afecten cada vez más sensiblemente las consecuencias de este comportamiento. Una alimentación, un aire, una tierra y un agua contaminados, nuevas enfermedades, y en el terreno psicológico crecientes complicaciones para orientarse en este mundo, son características claras de nuestra situación.

Vivimos por tanto en un «campo morfogenético»* carente de respeto del que, como siempre, son precisamente los niños los que se ven más afectados, ya que ellos a lo largo de todos sus años de desarrollo están inexorablemente sometidos a las leyes de la naturaleza. Es decir, que son especialmente sensibles si les tratamos como objetos en lugar de como sujetos, si bien, al mismo tiempo tienen aún fuerza para defenderse de tales ofensas y para darnos sin cesar una señal cuando algo en nuestra atención no va bien. Los niños tristes, abatidos, que se pegan a nosotros, miedosos, hiperactivos, agresivos, sabelotodos y tensos nos dan señales de alarma. Podemos ir con estos niños al médico, hacer que se sometan a un tratamiento psicológico, podemos adaptarlos a nuestra irrespetuosa sociedad con todo tipo de psicofármacos o de condicionamientos, pero antes o después deberemos correr con las consecuencias.

O por el contrario, podemos decidir respetar los procesos vitales y abogar por un proceso de aprendizaje y de crecimiento que incluya en igual medida a adultos y a niños. En medio de un ambiente irrespetuoso, cada uno de nosotros puede crear un nuevo «campo morfogenético» consigo mismo y con su «prójimo», en lugar de someterse al campo de fuerza de un medio ampliamente hostil y de seguir

---

* Término que procede de Rupert Sheldrake.

ciegos su tendencia. Como este campo de fuerza actúa sin ser visto, como un campo magnético, necesitamos un grado elevado de presencia y de atención incluso en las situaciones más irrelevantes, como si tuviéramos que orientarnos en la oscuridad. La tendencia general de aquello que «se hace normalmente» está caracterizada por la directividad, es decir, actuar permanentemente desde fuera hacia dentro. Las situaciones son «resueltas». Los problemas se solucionan de forma que el que actúa desde el exterior impone su voluntad usando las técnicas más variadas.

Por este motivo, los métodos pedagógicos para el trato con niños están adquiriendo una importancia cada vez mayor. Cuanto más en serio se toma la tarea de la educación, más atractivos se vuelven los métodos para estimular, motivar, guiar y dirigir. Y si una manera de obrar sensible parece infructuosa, se comienza a «taladrar», a coger de improviso o, en caso necesario, a detener las funciones de compensación no deseadas. Incluso se recurre al conocimiento de procesos interiores del organismo humano, de descubrimientos neurológicos y de otras invenciones médicas –como la quinesiología o las técnicas PNL– para avalar este procedimiento y garantizar el éxito. De este modo, se van refinando los métodos que actúan desde fuera hacia dentro, obtienen automatizaciones y adaptación y condicionan.

¿Qué podría ayudarnos a ponernos a salvo de esta red general? Aparentemente de alguna manera debemos poner límites a la influencia de este campo de fuerza si deseamos buscar caminos nuevos y propios. Es decir, que deberíamos contraponer algo propio a la fuerza de la inercia por la que somos atraídos una y otra vez hacia la corriente del «ser normal» que nos arrastra irremisiblemente. En ningún caso, eso propio podrá ser una idea que asumimos de otra persona, sino que debe crecer del hacer propio y de su consiguiente experiencia.

El primer punto de partida para el hacer propio, en caso de que decidamos respetar los procesos vitales, procede de la comprensión sencilla, pero revolucionaria, de que todo organismo vivo, en su interacción desde dentro hacia fuera, sigue un plan interno. La aceptación básica de este principio vivo es el cable en el que nos sostenemos cuando nuestros propios hábitos y la influencia del medio ambiente amenazan con arrastrarnos (cuando, por ejemplo, decimos por costumbre: «¡Pero mira bien!», «¡Pero piénsalo!», «¿No te parece a ti también?», «Pero eso sería importante para ti». Este punto de partida seguro nos permite, por un lado, poder mirar en nuevas direcciones y probar de qué manera un niño gana confianza y, por otro, respetar su propio proceso: si no invadimos su percepción, no lo movemos físicamente de acá para allá, no lo manipulamos como un objeto, no estamos a medias con él y a medias con otra cosa o con otra persona, no intentamos convencerle, interrogarle, interrumpirle o prevenirle, ni solucionamos los problemas que forman parte de su propia tarea dentro de su fase de desarrollo, entonces también nosotros nos estamos abriendo a la posibilidad de hacer experiencias novedosas.

Según Maturana, un organismo vivo es un organismo que se hace a sí mismo. El organismo humano contiene en sí mismo el potencial de los programas genéticos de absolutamente todos los seres vivos. Toda acción espontánea, es decir, que no es dirigida desde el exterior, activa un aspecto de esta riqueza inexplicable. Hasta el lactante, en su interacción con el medio ambiente, sigue su propio orden y su ritmo especial. Observaciones de niños pequeños en su actividad espontánea han demostrado que todas las fases del desarrollo de movimiento e iniciativas presentan su propio patrón: cierta parte de esfuerzos motrices gruesos se turna con una medida propia de ejercicios motrices finos. Y de acuerdo a un ritmo personal, los momentos de probar nuevas posibilidades de interacción se turnan con intervalos de repetir actividades conocidas y de profundizar en ellas.

Todo este hacer espontáneo procedente de la propia iniciativa de los niños pequeños, que debe sostenerse por la seguridad de que en su actividad son aceptados como personas, poco a poco va formando e interconectando las estructuras interiores enormemente complejas. En este hacer espontáneo se incluye el experimentar con los límites: el límite entre lo que está dentro y fuera, en la forma como es explorado intensamente por el lactante que acaba reconociendo que las manos que aparecen y desaparecen ante sus ojos son parte de su cuerpo y pueden obedecer a su voluntad. Conforme desarrolla su motricidad y percepción, este experimentar con el límite entre el interior y el exterior se amplía al medio ambiente: hasta dónde puedo moverme, hacia dónde puedo rodar, culebrear, gatear o andar antes de chocarme contra algo; qué puedo agarrar con las manos y qué no, qué puedo morder y qué no…

Mediante este topar y experimentar con el propio cuerpo y con el medio que le rodea, el niño recibe claves sobre sí mismo y sobre lo que se ofrece más allá de su propio cuerpo. El niño se ejercita en percibir y así desarrollar sus sentidos. Se ejercita en la percepción, en la orientación y en la evaluación de sus vivencias y así logra tener acceso a una nueva asimilación interna y externa de vivencias. Se adapta al medio ambiente y se toma su tiempo para asimilar todo aquello que ha penetrado en su organismo a través de múltiples acomodaciones. De ir de aquí para allá, de esta interacción entre el interior y el exterior, que —por medio de distintas membranas— se regula constantemente desde dentro, surge su propio ritmo y espacio vital, la vivencia de libertad que es factible gracias a los límites que conservan la vida.

Si los adultos aprenden a advertir esta interacción dirigida desde el interior, a respetarla y a cooperar con ella en lugar de dirigirla, de bloquearla o de oponerse a ella, serán recompensados de muy diversas maneras: ahorrarán energía innecesaria malgastada en imponer su voluntad a la del niño al que en cambio su propio proceso de desarrollo le aportará fuerzas sorprendentes. Por el contrario, un organismo cuyo programa interior es respetado resplandecerá con alegría de vivir, se mostrará interesado, estará concentrado, armónico y dispuesto a entenderse con los límites de una forma constructiva. Se sentirá competente y con plena confianza de poder superar obstáculos. Además, únicamente reclamará apoyo del exterior cuando realmente no pueda seguir avanzando por sí solo.

Toda esta interacción espontánea, confiada y vigorosa en un medio ambiente, para cuyas exigencias los medios y los instrumentos precisamente se forjan mediante este hacer y experimentar, es «impulsada» desde el interior, por tanto, es básicamente impulsiva y por ello casi inagotable y poderosa. Cooperar con esta energía, disponer para ella un entorno adecuado, «presenciarla» con atención e interés y valorarla como una fuerza creativa, todas éstas son condiciones para que, por un lado, la motivación interior no se vea debilitada y luego deba ser sustituida por estimulaciones del exterior, y por otro, para que el organismo pueda formarse y estructurarse desde dentro hacia fuera y no deba ser «formado» y «educado» desde fuera.

Pero el plan de desarrollo interior implica también que este actuar impulsivo se convierta paulatinamente en un hacer que se desarrolle hacia la reflexión y más adelante hacia la autorreflexión. Supone igualmente que el organismo no sólo acepte confiado su mundo, intervenga imperturbable en él y se entregue a él, sino que además una y otra vez establezca cierta distancia de él, le observe desde otro lado, regrese a él siempre de un modo distinto, y de todo ello surjan nuevas perspectivas, nuevas valoraciones y reflexiones.

Por esto, la vivencia de límites, cuando ello no significa impedir o sustituir la actividad espontánea, pertenece a las necesidades auténticas. Los límites no sólo son necesarios para que los niños establezcan contacto con las realidades del medio ambiente, sino también para que en su actuar impulsivo, motivado desde el interior, se detengan un instante e incluyan nuevos enfoques y posibilidades.

A continuación, voy a exponer algunas escenas tomadas de nuestra vida diaria en el Pesta que ayudarán a aclarar esta pausa, esta toma de distancia y esta nueva orientación.

Nuestro jardín de infancia, un gran edificio circular de madera, y el recinto que lo rodea están separados del resto de la escuela por una verja natural simbólica. Esta verja acaba algunos metros antes de llegar a la entrada del aparcamiento, donde el límite con la primaria está marcado sólo con una serie de piedras pequeñas que recubren la hierba y que apenas pueden verse. A pesar de esta situación abierta existe un límite fijo entre ambas secciones. A los niños pequeños no les está permitido entrar en la primaria y basta con indicar de cuando en cuando a los recién llegados que «el otro lado» no forma parte de su zona. Como el entorno preparado para niños de entre tres y seis años es suficientemente interesante y extenso, salvo contadas excepciones a ningún niño se le ocurre entrar en el recinto colindante.

Por el contrario, los niños de primaria sí que pueden estar en el jardín de infancia. Normalmente, los que aprovechan esta oferta son precisamente niños con los tipos más variados de «necesidades de recuperación». Puede suceder que los niños que durante sus primeros años no han conocido límites claros, en el jardín de infancia infrinjan límites, por ejemplo, corran o salten en el interior de la casa o en el balcón, interfieran en las actividades de niños más pequeños o intenten manipularlos. Una y otra vez necesitan la atención de un adulto que, en la respectiva situación, vuelva a poner el límite e incluso les prohíba durante algún tiempo la entrada en el jardín de infancia para impedir que los niños más pequeños se vean perjudicados o el entorno para ellos ya no sea lo suficientemente relajado.

Tras algunas conversaciones entre los cuidadores del jardín de infancia y de primaria llegamos finalmente al acuerdo de no dejar que los niños de primaria entraran con tanta facilidad en el jardín de infancia. En la actualidad, los niños de primaria preguntan primero a la cuidadora de la entrada si en ese momento es conveniente que entren en el jardín de infancia, luego registran su visita en una lista y tachan su nombre cuando vuelven a salir. Allí pueden hacer todo aquello que les interese, pero deben dar prioridad a los pequeños en el uso de los materiales, no les dejamos comportarse en el recinto exterior de forma desenfrenada ni que manipulen a niños más pequeños, por ejemplo que les lleven de un sitio para otro, den órdenes aquí y allá o se entrometan en sus actividades de algún otro modo.

Muy pronto pudieron verse claramente las ventajas de este límite especial. Aunque los niños más mayores acuden al jardín de infancia por una auténtica necesidad, este pequeño «trámite oficial» les obliga a establecer diferencias entre su comportamiento con los niños más pequeños y con los más mayores. Al mismo tiempo, este límite representa una oportunidad de decisión: si quiero estar con los pequeños, existen para mí algunas limitaciones. En el trato con niños de mi misma edad o con otros mayores disfruto de más libertades, que por otro lado son reguladas en este nivel de forma que las reglas son elaboradas por los niños en presencia de los adultos y además, están sujetas a un largo y constante proceso de cambio.

Los niños viven desde pequeños este tipo de experiencias si sus padres no tienen miedo a los límites.

Por ejemplo, en el caso de un niño de dos años que revuelve y revuelve la comida. Aunque este acto en sí es una necesidad de desarrollo auténtica, la madre le dice: «¡No, con la comida no!», y se mantiene firme en este límite. Pero en este acto la madre nota qué es lo que el niño necesita además de la comida y prepara algo en el entorno con lo que el niño pueda jugar e inventar nuevas mezclas tanto tiempo como desee. De este modo está haciendo posible una doble vivencia de respeto: por un lado para la comida y por otro para la necesidad de vivencias sensomotrices.

Algo parecido sucede con la gran afición que, en particular, los niños pequeños tienen por jugar con el agua. ¿Vamos a prohibírselo porque dejan el grifo abierto e inundan la casa? Si nos proveemos de un gran recipiente, de una mesa especial para agua o de cualquier otra instalación que nos permita ahorrar agua, habremos hecho una buena acción para todos: no se derrochará la valiosa agua potable, y el niño vivirá muchas horas de juego intenso y absorto a la vez que experimentará con ese importante elemento.

En casa, en el jardín de infancia y en una escuela libre que no trabaja con estructuras autoritarias, saltan a la vista estas diferencias en relación con el entorno preparado, con el trato respetuoso y con el convencimiento de que los límites forman parte de la vida. No se permite a niños pequeños pintarrajear por ahí con el lápiz de labios de su madre, ni pintar las paredes, dar patadas en la mesa, aporrear el piano con el cucharón, dar golpes en los cristales de las ventanas, jugar al fútbol en la sala de estar…

Pero si prestamos atención a los elementos básicos que contienen estos impulsos (pintarrajear, pintar, patalear, aporrear, golpear, todo tipo de juegos representativos y de movimiento), estamos preparando el entorno de una manera en que todo esto y mucho más no sólo es posible sino bienvenido. Sólo entonces podemos hablar de «límites con respeto».

Todos los límites tienen diferencias y umbrales: entre eso que se permite en casa pero no se permite en otras circunstancias. Así, por ejemplo, está claro que cada miembro de la familia puede tomar del frigorífico de casa lo que quiera, pero no disfruta de esta libertad fuera de la familia. Nos estiramos sin ceremonias en nuestra propia cama, pero no en camas ajenas. Si observamos con detenimiento cada acto cotidiano, descubrimos que de forma consciente o inconsciente nos enfrentamos continuamente a límites diferenciados. Pero la calma y la naturalidad con que lo hagamos, y si estos límites perjudican nuestro bienestar, depende de cómo hayamos pasado nuestra infancia.

¿Estaban los límites en armonía con un entorno adecuado a nuestras necesidades de desarrollo, o eran prohibiciones que nos amargaban la vida? ¿Cómo se ponían los límites? ¿De una forma tranquila y natural y con una presencia afectuosa? ¿O sólo cuando el adulto perdía la paciencia y ponía los límites con el correspondiente enfado y reproche? ¿O acaso nuestra infancia tuvo pocos límites y diferenciaciones, quizás también poca presencia, y más adelante tuvimos que soportar desaprobaciones y chocar contra barreras? Los límites de un jardín de infancia o de una escuela libre son parecidos a los del hogar, aunque en un sentido algo distinto. Si el entorno está bien preparado incluirá numerosos elementos nada o poco estructurados, en cuya manipulación los límites son amplios y la vivencia de la libertad fundamental: el agua, la arena, zonas ajardinadas y de juego poco cultivadas, todo tipo de desechos de material para trabajar y para experimentar con libertad, herramientas sencillas que, por supuesto, tienen un lugar fijo. Todas estas cosas respetan la necesidad infantil de actuar de forma impulsiva sin reglas muy estrechas para probar la calidad y el modo como funciona el mundo, para descubrir regularidades que relacionan las cosas más improbables y, en todo este hacer, asimilar vivencias no digeridas.

A partir de innumerables actos generosos que aparentemente se dan en el caos, crece desde dentro la necesidad de ordenar y de organizar, de clasificar y de refinar. Sólo cuando esta necesidad básica se toma en cuenta una y otra vez, se agudiza en el niño el sentido para lo más fino, para lo especial, para lo estructurado. Y en este caso, no tiene mucho sentido que malgastemos nuestras fuerzas en poner límites de forma imperturbable cuando se trata de materiales estructurados y de objetos frágiles. A este respecto, pienso por ejemplo en las escuelas Montessori, equipadas de los más caros materiales didácticos, repartidos con mucho arte en estantes relucientes y rodeados de todo tipo de decoraciones estéticas. Pero los anchos pasillos impolutos no ofrecen ninguna alternativa para jugar con libertad, el patio o el jardín son demasiado estrechos, están cultivados o incluso recubiertos con una capa de cemento, y a lo largo y a lo ancho no se vislumbra ninguna posibilidad de hacerse amigo del querido caos.

En estas circunstancias hay profesores desconcertados porque, por un lado, ven cómo las niñas manipulan el alfabeto móvil, mientras que, por otro, los «chicos traviesos» arrojan rollos de papel higiénico por la ventana o desmontan un grifo. Y cuando los niños se hacen mayores, sustituyen las aventuras que no han vivido en el mundo real por películas o —así se nos han quejado— se organizan quizás en bandas e imponen como condición para entrar en ellas que los miembros superen algunas «pruebas» tales como robar, destruir bancos del parque, romper cristales de ventanas o arrojar clavos en la calle. En el entorno preparado para los niños, los límites deberían acoplarse con necesidades auténticas y al mismo tiempo estar vinculados con la posibilidad de decidir. En las «áreas tranquilas» —por ejemplo, con material estructurado, en la biblioteca o en el laboratorio— las reglas son bastante estrictas. En estos lugares no están permitidos los movimientos violentos, los ruidos fuertes ni las conversaciones en voz alta. En otras zonas interiores, estas normas no son tan estrictas, pero correr, vociferar, brincar, revolcarse, hacer juegos de lucha o gritar sólo está permitido en las áreas exteriores.

Al niño que en estas circunstancias va contra una regla, no le parece que el límite que se le pone es algo agradable. Los límites siempre duelen, aun cuando tengan una «lógica» obvia o el niño pueda entonces tomar decisiones: «O me quedo aquí respetando las normas de este sector, o me voy a probar suerte en otro lugar». En cuanto un organismo inicia un acto de forma espontánea o puramente impulsiva, se segregan hormonas que aportan al cuerpo la tensión necesaria para llevar a cabo dicho acto. Si este proceso es detenido por un límite, el cuerpo tiene que tratar estas hormonas de alguna manera para que no se vuelvan dañinas para él. Este proceso interno es especialmente crítico cuando, de todos modos, un organismo va cargado de dolor por numerosas vivencias anteriores *inadecuadas*.

Cuando tenemos ante nuestros ojos estas conexiones nos damos cuenta de la importancia que tiene *estar presente* en el momento de poner límites. Justo aquí es donde se encuentra la diferencia fundamental entre prohibir y marcar límites. Cómo nos sentiríamos, por ejemplo, si fuera el alcalde de nuestra ciudad, en lugar de un cartel que avisa de que está «Prohibido pisar el césped», quien nos dijera con amabilidad pero con firmeza: «No está permitido pisar este césped». Suponiendo que este anuncio no se refiriera a todas las superficies de césped del entorno, puede que incluso nos sintiéramos honrados de habernos encontrado con el alcalde en persona. Con este estado de ánimo es también poco probable que buscáramos medios y vías para al final sí pisar el césped.

En todo caso, estar presente no significa anunciar un límite de cualquier manera o a cierta distancia sin interrumpir lo que estamos haciendo. Puede que esto sea inevitable en caso de emergencia, si un niño o un objeto valioso realmente están en peligro y no me queda otra alternativa que emitir un grito desesperado para evitar lo peor. O si en ese momento estoy removiendo la sopa que va a derramarse si me retiro. Pero cuando no se trata de una situación extrema, intentamos poner límites *de forma respetuosa*. Es decir, que nos esforzamos por *detener* lo que estemos haciendo, posiblemente sacudir la pereza y abandonar una posición cómoda, acercarnos al otro hasta que note nuestra presencia, si se trata de un niño pequeño, hacernos nosotros también pequeños, establecer contacto visual o corporal y sólo entonces pronunciar el límite: «Con estos lápices no te dejo jugar».

¿Tanto esfuerzo para tal menudencia? ¿Cómo se reúnen todas las fuerzas para poner límites con tanto respeto? Hay al menos dos buenos motivos para ello. El primero es no dejar al niño solo en el momento difícil del límite, cuando siente irremisiblemente dolor y posiblemente entre en contacto con un dolor antiguo no procesado. Se siente acompañado, apoyado y tiene la oportunidad de desahogarse del dolor llorando. El segundo motivo tiene que ver con la claridad del límite que corresponde al organismo joven. Las señas claras de presencia *atenta* hablan por sí solas y sólo son confirmadas por las palabras adecuadas. Esto significa para el niño que realmente pienso lo que estoy diciendo, que estoy dispuesta a responder «en persona» del límite que he pronunciado.

Los niños que siempre viven este tipo de límites se sienten doblemente apoyados y respetados. Estamos aceptando que el límite les duele y que pueden expresar sus sentimientos, ya sea renegando o llorando. Al mismo tiempo, están experimentando que los límites son firmes y que no van a desaparecer ni con protestas ni con sollozos. Estos elementos les transmiten una y otra vez el mensaje de que les amamos, aun cuando no les permitamos hacer algo que les gustaría hacer.

Y no sólo eso. El *efecto de dolor* del límite nos prohíbe utilizar estas situaciones para aclarar al niño relaciones, para tratar de convencerle a fin que entienda los buenos motivos que hemos tenido para poner el límite y de este modo deje de protestar o de llorar. Si nos duele el estómago, nos desagradará cualquier tipo de explicación. Lo mismo les sucede a los niños que se sienten mal por un límite. Igualmente es una muestra de respeto que no queramos distraer al niño de su dolor mediante un largo explicar y discutir. Y a la larga, seremos nosotros mismos los que nos veremos beneficiados por este respeto, ya que los niños respetados y seguros de la presencia de un adulto se vuelven cada día más tranquilos, más armónicos, no buscarán ninguna puerta falsa para salirse con la suya. De esta forma, la vida para todas las personas involucradas será considerablemente más agradable.

En el mundo «normal», es decir, allí donde por lo general el entorno no está preparado para los niños, se acumulan vivencias que significan frustración para su organismo en proceso de desarrollo: por ejemplo, que no pueda moverse con libertad, que esté perturbado el equilibrio entre posibilidades de acción estructuradas y no estructuradas, culturales y naturales. Cuando nos llevamos a niños a un largo viaje y en el coche, en el tren o en el avión se sienten como animales enjaulados; cuando pasamos horas comprando o dando vueltas en centros comerciales; cuando las visitas suponen una limitación de su actividad; por no hablar de las horas que permanecen sentados y amoldándose a las exigencias de la escuela, de la televisión, de visitas a actos culturales o a museos, o todo aquello que los niños deben hacer por su educación.

En todo caso, mientras seamos responsables de niños, sería respetuoso poner límites a este tipo de interacción con el medio ambiente, o al menos tener en cuenta que tarde o temprano tendrán que desahogarse de sus tensiones, ya sea llorando, provocando conflictos o mediante descomedidas actividades sensomotrices. Claro está, este cuestionamiento produce numerosas objeciones: «¿Qué puedo hacer? Tengo que llevarme a los niños a comprar, ¿dónde los voy a dejar si no los llevo?». En estos casos inevitables serviría de algo el que preparáramos a los niños con antelación. De este modo les daremos tiempo suficiente para que desahoguen ampliamente su malestar, pero después puedan organizarse para de cierto modo concluir su actividad y al final acompañarnos de buena gana.

Si nos esforzamos sinceramente por poner límites de forma respetuosa, notaremos que los niños reaccionan de una manera que no nos habíamos imaginado, como por ejemplo en los hechos que expongo a continuación.

Desde primera hora de la mañana unos chicos y unas chicas de entre siete y diez años habían ido alternándose en diversas actividades en nuestra área de bloques de madera y de juegos representativos constructivos. Cada uno de los niños había guardado las cosas que había utilizado, eso sí, a su manera, pero al final de la mañana, el orden de los estantes era todo menos perfecto. Un último grupo acababa de terminar una gran obra. Si colocaran ahora estas últimas tablillas y bloques con el resto de materiales, que ahora sólo estaba ordenado a medias, el viernes a mediodía supondría el doble de trabajo dejar los estantes tan ordenados como debían estar.

Aquella semana yo estaba encargada de esa área y por un momento no supe cómo resolver la situación. Además, los últimos niños eran precisamente «niños problemáticos», a menudo incapaces de realizar una actividad concentrada con autonomía. Si ahora yo insistía en el orden de forma exagerada, puede que les quitara las ganas de hacer nuevos proyectos. Entonces, ¿qué podía hacer?

Me senté primero con ellos en la alfombra y con pocas palabras y gestos describí lo que percibía de su trabajo. Acogieron mis comentarios con interés y ellos a su vez detallaron lo que habían hecho. Entonces les dije que había llegado la hora de ordenar. Se pusieron enseguida manos a la obra, pero con un gesto les bloqueé el libre acceso al estante. Continué describiéndoles que aquí los cubos de madera estaban muy desordenados. Ellos confirmaron que el desorden venía de otros compañeros y que era demasiado tarde para ir a buscarles a fin de que echaran una mano.

Corroboré su afirmación, pero como era viernes a mediodía quería dejar el estante ordenado. Por ello, yo colocaría los primeros bloques de forma que después resultaría más sencillo apilar encima la última parte. Con esto, los niños se sintieron satisfechos. Mientras empezaba a sacar las piezas para volver a colocarlos, acompañaba cada acción con palabras sencillas: «Este bloque es grande y lo coloco a este lado. Estos medianos los coloco junto a él. Aquí abajo hay sitio para los pequeños, y al lado puedo poner los curvados, los triangulares…».

Tras apenas unos minutos, los niños entraron espontáneamente en onda conmigo. Clasificaron los bloques, encontraron el sitio adecuado para cada uno, al principio trabajaban mano a mano conmigo, pero pronto estaban tan animados que poco a poco me fui retirando para no molestarles en su empeño. Al final, lo único que tenía que hacer era permanecer allí sentada y acompañar su actividad con palabras sosegadas. El trabajo se había realizado de la mejor manera posible y, además, todos se sentían relajados. Pero este milagro de que los niños, sin presión, sin regañarlos, sin amenazarlos o prometerles recompensas, contribuyeran de forma voluntaria, de que se cumplieran estos límites, tiene su precio: nuestra atención y nuestra presencia. Esto nos permite intuir el proceso de los niños y juzgar cuándo prefieren hacer algo con nosotros o sin nosotros.

Los procesos de desarrollo, con toda la alegría en el hacer, requieren también toparse con obstáculos que hay que salvar. Incluso la época de lactancia entraña momentos de sufrimiento, por ejemplo, cuando un bebé se ha girado de un lado poco habitual y desesperado intenta volver a encontrar la posición original siempre. Qué difícil es para una madre, especialmente cuando se encuentra rodeada de consejeros bienintencionados, dejar que el niño experimente estas pequeñas crisis, no solucionarle enseguida sus problemas ni impedir o desbaratar sus esfuerzos. Parece lo más natural del mundo ponerle en la mano objetos que trata de coger estirándose con mucho empeño, pero que no logra alcanzar. O sencillamente ayudar a un niño que con gran esfuerzo intenta sentarse y acaba rodando una y otra vez. Incontables escenas pequeñas de frustración infantil hacen que el adulto sufra con el niño siempre de nuevo, y en innumerables ocasiones le hacen interceder, anticiparse, solucionar problemas por el niño en un abrir y cerrar de ojos y, lamentablemente, por amor o por falta de paciencia, transgredir con sus ayudas un gran número de límites que debería respetar por el proceso de desarrollo del niño. En esta búsqueda de equilibrio entre demasiado y demasiado poco sirve de ayuda recordar que todo organismo vivo «se hace a sí mismo» y que lo que toca es que el niño supere por sí mismo las dificultades que corresponden a cada una de sus fases de desarrollo.

El respeto por los procesos vitales nos protege de que en el cuidado del niño nos saltemos aquellos límites que son necesarios para que la interacción se refuerce desde dentro hacia fuera con cada nuevo acto autónomo. Sin esta consideración pueden producirse esas caricaturas de amor paternal que se ven tan a menudo. La familia se sienta a la mesa. Los niños tienen entre cinco y once años. Es una familia completamente normal. Los padres se esfuerzan por hacer lo mejor para ellos mismos y para sus hijos. La comida que se sirve es sana, apetitosa y abundante. Aun así, hay algo que no cuadra. La expresión de los niños no es feliz. Los padres parecen sentirse bajo presión y prefieren obedecer sin mayor dilación cuando uno de los niños desliza una rebanada de pan y da la orden de «¡Mantequilla con miel!». Puede que hayan captado mi inconsciente mirada sorprendida. En todo caso, el padre se atreve a preguntar con prudencia: «¿No querrías untarte el pan tú mismo?». Pero la protesta le desconcierta inmediatamente. Lo importante es que no se produzca ninguna escena, mucho menos ahora que hay visita.

El respeto por los procesos vitales es por tanto *siempre* recíproco. Si aprendemos a estar tan presentes que el niño desde pequeño, confiando en nuestra fiabilidad, desarrolla su autonomía en pequeños pasos, si entonces la dependencia y la autonomía se van equilibrando paulatinamente, y nosotros cooperamos con este proceso, daremos y recibiremos tanto respeto que el poner límites acabará reduciéndose al mínimo.

En un seminario con Anna Tardos*, la madre de un bebé de cinco meses se quejaba de que nunca conseguía meter en la cama a su hijo sin gritos de protesta. Anna preguntó a la madre sobre numerosos detalles y descubrió que la joven madre acostaba a su hijo diciéndole estas palabras: «Lo siento, pero ahora tengo que meterte en la cama». Este «lo siento» era la expresión de una profunda inseguridad, aunque el niño gracias al buen cuidado y a la atención que recibía, se las arreglaría bien por sí mismo. El niño respondía a esta actitud con una extraordinaria sensibilidad: ese «lo siento» le confundía en su confianza en sí mismo. Lo fascinante fue que la madre, ya a la mañana siguiente, nos contó que el niño, sin ese «lo siento» se había dejado acostar sin ningún problema y que la noche había transcurrido en paz.

* Pediatra, hija de Emmi Pikler y actual subdirectora del Instituto Pikler (Lóczy) de Budapest.

Este sentimiento de compasión que una y otra vez nos dificulta a la hora de respetar los límites entre adultos y niños y permitir así el desarrollo de la autonomía está especialmente acentuado en el trato con niños discapacitados. Al menos en el Pesta hemos visto en numerosas ocasiones lo difícil que resulta a padres y a cuidadores confrontar con límites a niños con necesidades especiales. «Pobrecillos, han sufrido tanto. Yo al menos no quiero causarles más dolor.» Seguro que no resulta sencillo en el trato con un niño así mantenerse firme en la postura de que «vivir significa estar limitado» y que no actuaremos con más humanidad si un niño así puede hacer todo lo que está prohibido para los demás. En el caso de adultos que de niños fueron consentidos de este modo, hemos visto que no son capaces de manejar los límites más sencillos.

JUEGOS

El argumento más frecuente utilizado por los padres que en los últimos veinte años han sacado a sus retoños del Pesta radicaba en el siguiente reproche: «Los niños juegan demasiado. De acuerdo, son creativos, están felices, demuestran iniciativa y enormes aptitudes sociales. Pero en algún momento el jugar tiene que acabar. A fin de cuentas, tienen que empezar a aprender de una vez a sentarse tranquilos, a escuchar y a hacer aquello que no les interesa. ¿Cómo si no van a encontrar un lugar en la sociedad?».

De manera que los adultos también opinan que los límites del juego se encuentran allí donde comienza el trabajo de verdad. Y en la mayoría de los casos, trabajar de verdad significa hacer aquello que es necesario, o que posiblemente vaya a ser útil alguna vez en el futuro. Pero dado que los niños aún no son capaces de juzgar por sí mismos, necesitan a personas con experiencia (¡adultos!) que les den instrucciones, que les motiven o que les guíen de forma más o menos sosegada. Para alcanzar este objetivo, todos los medios son bienvenidos, y no en último término los juegos didácticos, pues prometen resultados incluso allí donde con los métodos de trabajo tradicionales ya no se puede lograr mucho más.

Pero aquí me gustaría hablar de otro tipo de juego: del juego *espontáneo* que se manifiesta en el mundo entero en las situaciones más inverosímiles que emergen como la «mala hierba» que de vez en cuando unas máquinas especiales se encargan de arrancar del asfalto y que incluso en el hormigón, forcejea para pasar entre las rendijas más minúsculas. Es el tipo de juego que practicábamos en secreto bajo la mesa incluso con el profesor más estricto de matemáticas, o que los niños hacen surgir como por arte de magia hasta en la calle más gris, en el compartimento de tren más estrecho o en la vivienda más mísera. Y que la llegada de la televisión y de la Nintendo han logrado hacer desaparecer, sustituir y corromper.

Si pienso en las innumerables generaciones de cachorrillos de gatos y de perros que a lo largo de los años se han criado en nuestra familia y que tanto nos han divertido con sus juegos, me viene a la mente la idea herética de que incluso el «creador de todas las criaturas» debe ser un gran juglar. Me parece que esta idea es corroborada por Konrad Lorenz en sus descripciones de la evolución de la vida en nuestro planeta. Toda la evolución, la interrelación de procesos externos e internos que en apariencia no sigue ningún plan rectilíneo, pero que persigue un sentido, un crecimiento, una madurez, permite suponer que un principio de libertad –pero, como en el juego del ajedrez, con determinados principios fundamentales– sustenta toda la gran representación. ¿Y no será que también Rupert Sheldrake sigue la pista de este principio de libertad en su investigación de los «campos morfogenéticos»?

Un juego auténtico tiene una relación misteriosa con la vivencia de la libertad. Obsequia al organismo con un mejor sentimiento vital, con otra energía, con alegría, con desesperación o con profunda satisfacción. Si los niños juegan, sabemos que están sanos. Para ellos jugar es sinónimo de estar vivos. Pero ¿cómo se comportan los adultos frente a este fenómeno? Contemplemos algunas actitudes que varían según las circunstancias, según las expectativas y la comprensión. Con ello no quiero abordar la problemática de que hay muchos niños en el mundo que apenas pueden jugar porque deben contribuir con su trabajo a mantener a la familia, o que deben asumir continuas responsabilidades en la casa y cuidar de sus hermanos más pequeños. Por ejemplo, en una ocasión fui testigo de cómo en una familia indígena, una madre daba impaciente una patada a las latas de conserva vacías con las que su hija de seis años jugaba a las «casitas» y mandaba a la niña a la cocina con las cazuelas de verdad.

Cuando en otras culturas los niños juegan con cierta calma, en la mayoría de los casos los adultos se sienten aliviados. Sus retoños están entretenidos, y ellos pueden aprovechar la ocasión para cumplir con sus propias obligaciones, dedicarse a sus intereses, acabar algún trabajo, leer, ver la televisión, hablar por teléfono o, por fin, hablar con otros adultos. Sólo cuando el juego molesta o cuando son sobresaltados en su calma por gritos de auxilio, interrumpen forzados su actividad con un hondo suspiro.

También es posible que los adultos jueguen con los niños, que les aporten ideas o que, al revés, en la medida de lo posible, intenten seguir las indicaciones de los niños: «Ahora tú eres la bruja, no, así no. Mejor eres la abuela». Generalmente esto va acompañado de una manipulación bilateral. El adulto tiene que hacer como que disfruta con el juego, quiere ser de ayuda o tiene que hacer esto o aquello sin saber muy bien cómo, y en la mayoría de los casos ninguno de los dos se siente completamente satisfecho.

No obstante, entre estas dos variantes (entre dejar que los niños jueguen solos o jugar de forma activa con ellos) existe una amplia gama de alternativas para involucrarse en el juego infantil con respeto. Los niños juegan solos o en grupos, en un entorno que contiene toda clase de elementos naturales y culturales, no estructurados y estructurados. Y nosotros, los adultos, estamos ahí: percibimos pero no juzgamos; mostramos interés, pero no dirigimos ni organizamos; sentimos y pensamos con ellos, pero somos conscientes de que nos estamos aproximando sólo poco a poco a una comprensión de este fenómeno que es el «juego». Nuestra presencia está plenamente justificada por la comprensión de que servimos como el espejo en el que nos niños se ven a sí mismos de una forma distinta. Pero a la vez nosotros mismos somos como aprendices que en el juego de los niños seguimos el rastro de los secretos del organismo que se está haciendo a sí mismo. Únicamente podemos actuar así cuando aceptamos que desconocemos la meta o el objetivo directo de un juego y no podemos subordinarlo a nuestros objetivos ni clasificarlo en su sentido.

Si ya en los animales el juego ocupa un lugar importante en la vida de sus crías, en los hijos de los seres humanos, que son el «retrato fiel del juglar creador» es mucho mayor y no se acaba ni siquiera cuando ya son adultos. En el juego vivo y libre, también los límites se experimentan una y otra vez como ingredientes fundamentales de la vida orgánica, y así conducen a formas de juego siempre nuevas. La advertencia de los adultos que se quejan así: «Si no podéis jugar de forma ordenada (o sin pelear), se acabó el juego» está en clara contradicción con este tipo de atención.

Nuestro respeto por el juego crece notablemente en cuanto empezamos a aproximarnos a este fenómeno en calidad de observadores atentos y descubrimos que el juego y el trabajo en modo alguno aparecen separados el uno del otro, sino que más bien sirven al desarrollo como una actividad creativa común. En lugar de aburrirnos, poco a poco llegamos a un estado de asombro, y en nosotros crece el deseo de poder cooperar con este proceso. Y sólo a partir de esta actitud de estimación se origina nuestra comprensión de los límites que están en consonancia con este proceso.

Nuestro asombro puede comenzar ya cuando contemplamos interesados a un lactante, pues un bebé sano, ya desde una época muy temprana, sigue el impulso de convertir en juego y variar aquellas actividades que son necesarias para su supervivencia. Pero esto sucede apenas esté satisfecha su necesidad predominante, por ejemplo, el hambre más terrible. Y también sólo si el niño se siente aceptado y respetado. Existen distintos motivos para este juego temprano. Por ejemplo, el lactante empieza a experimentar con el pecho de la madre o con el biberón, empieza a comportarse con ellos de una forma inesperada, a experimentar con su propia actuación instintiva, hasta que poco a poco su motricidad y sus sentidos se vuelven cada vez más refinados y más complejos.

En este proceso puede suceder que pellizque o muerda el pecho de la madre o que le dé un buen tirón de pelos. Y esto ofrece ya una temprana oportunidad para poner límites claros, incluso a una edad en la que los adultos toleran mucho «porque el niño no acaba de entenderlo».

Otra actividad del lactante impuesta por la naturaleza es su deseo de imitar. También aquí se manifiesta una evolución paulatina: puede que al principio, el niño imite la postura de mi cabeza, imite el movimiento de un brazo o de los ojos. Pero luego notaremos cómo practica con esta imitación directa, cómo la repite, aun cuando el «modelo» no se halle presente, y cómo, poco a poco, va transformando esta imitación descubriendo variantes nuevas. Pero en esta tendencia natural de imitación, somos los adultos los que tenemos que ponernos límites a nosotros mismos. Pues no hay nada más tentador que incitar a un niño a que realice imitaciones para ver lo «inteligente» que es ya. Y al final, esta costumbre se convertirá en un continuo adiestramiento: «Saluda con la mano», «Di otra vez esa palabra tan graciosa», «Canta otra vez esa canción tan bonita». Cuántas veces se divierten los adultos con esta diversión infantil de imitar que en los niños es un aliciente para jugar muy importante. Y esta imitación motivada desde el exterior puede ser la causa de que un niño se vaya alienando poco a poco de sí mismo y muy pronto acabe dependiendo de la aclamación de los demás, no sólo para sentirse bien, sino también para realizar cualquier esfuerzo.

Lo que nos hace falta para aprender a no «andar jugando» con niños o para no ser manipulados por ellos es un marco claro que se extienda con amplitud suficiente y en el que haya sitio para relaciones espontáneas y naturales con los niños, y que al mismo tiempo nos ayude a no perder de vista la doble necesidad humana, es decir, por un lado, la dependencia básica de amor y de atención y, por otro, la importancia de la autonomía para una autorrealización auténtica.

En los niños pequeños, este doble aspecto se advierte más claramente cuando conseguimos realizar su cuidado de forma que, durante este tiempo, pueda sentirse satisfecho con nuestra plena y respetuosa atención. Entonces le estamos facilitando circunstancias para que él —con la seguridad que le proporciona nuestra cercanía— encuentre su actividad personal y pueda entregarse a sus propias necesidades de desarrollo en su camita o en un entorno preparado limitado. Entonces, desde temprano se manifestará que el juego y el trabajo concurren en una actividad dirigida desde el interior y que siguen un plan *interno* que tiene su propio orden *interno*.

Todo este acontecer de actividades espontáneas que se desarrollan en una etapa temprana de la infancia revela cómo el organismo tierno se estructura a sí mismo y a sus propias capacidades en transiciones y progresos apenas perceptibles, por ejemplo, cuando busca en primer lugar su equilibrio en la postura de espaldas, y en esta posición trabaja con la coordinación de sus manos y de sus ojos. Cómo después, en cuanto ha conquistado una postura segura, abandona la seguridad que tanto le ha costado conseguir y lucha por nuevas posibilidades: desde la postura de espaldas intenta colocarse boca abajo, pasando a movimientos de rotación y de arrastrarse, luego por medio del tanteo trata de levantar el tronco, para poco a poco ir desplazando hacia arriba el centro del cuerpo hasta que, a su propio ritmo, consigue sentarse, levantarse y andar.

Esta actividad que sirve para desarrollar el movimiento y el equilibrio está estrechamente relacionada con prácticas sensoriales y motrices finas, con la exploración del propio cuerpo, de su competencia personal y de su medio ambiente. Y en todo este trabajo —o como los adultos lo ven a menudo, en todo este juego infantil— se advierte un ritmo *propio* siempre que no sea interrumpido o desviado por falta de comprensión del entorno. Aquí se alterna periódicamente cierto porcentaje de trabajo de exploraciones novedosas con la práctica de acciones ya conocidas. Con el fin de manipular y de explorar objetos de forma concentrada, el pequeño busca la posición en la que se siente más seguro. Las actividades sensomotrices finas se turnan con otras gruesas al ritmo que el propio niño sienta.

Para que todo esto pueda desarrollarse sin tropiezos, el niño necesita no sólo la certeza de que es cuidado y de que recibe atención, sino además un entorno adecuadamente limitado, ni demasiado estrecho ni demasiado amplio, y una cantidad aprovechable de impresiones sensoriales. Numerosos cambios de lugar, frecuentes paseos aquí y allá, mucha gente extraña o una mudanza pueden sobrepasar la cantidad aceptable de impresiones. Puede suceder que en estas circunstancias, el niño pequeño no pruebe muchas cosas nuevas, que no se sienta feliz consigo mismo ni con el mundo, que recurra a mecanismos de defensa, que requiera continuamente entretenimiento y nuevas distracciones o que muestre síntomas de falta de armonía y de autonomía.

Sólo cuando tengamos claro que el juego y el trabajo realmente representan una misma actividad para el organismo joven, comprenderemos a fondo estas actividades y, en consecuencia, podremos modificar nuestro comportamiento en relación con el niño activo. Digamos que el niño está ocupado consigo mismo o con un objeto. En lugar de las ganas de interrumpirle arbitrariamente, lo que sucederá es que crecerá nuestro interés: ¿en qué estado se encuentra? ¿Qué atrae su atención? ¿En qué dificultad está trabajando ahora? ¿Cuál es el contenido real de sus preocupaciones?

Nuestra propia situación o las circunstancias concretas pueden requerir una y otra vez que por nuestra parte tengamos que poner fin al juego del niño. Gracias a nuestra conducta atenta se convertirá en una costumbre totalmente natural hacer esto con la misma atención que lo haríamos si se tratara de un adulto inmerso en un trabajo importante. Por ejemplo, si invitamos a comer, damos tiempo suficiente a nuestros invitados para que puedan concluir una actividad ya iniciada. Lo mismo debe suceder con los niños. Y cuanto más pequeño sea el niño, más necesarias son las señales no verbales –podemos mostrarle su babero o su plato– que junto con palabras sencillas son indicios claros de lo que va a suceder a continuación. Lo mismo se aplica cuando por fuerza nos vemos obligados a salir con el niño, o en cualquier otro caso que requiera interrumpir su actividad.

Que el juego y el trabajo concurran en el quehacer infantil, para nosotros, los adultos, representa una y otra vez distintos tipos de molestias y nos induce a intervenir con demasiada frecuencia de forma inadecuada. Por una parte, nos resulta difícil ver cómo un niño se «afana» o hasta sufre por adquirir una nueva habilidad. Esto empieza ya desde muy temprana edad: cuando el bebé intenta girarse; cuando desea agarrar un objeto que se encuentra algo alejado de su alcance; cuando choca una y otra vez su cochecito contra un obstáculo que sencillamente no quiere apartarse; cuando al niño le falta experiencia con una herramienta y no consigue lo que se proponía.

El sufrimiento del niño no tarda en penetrar nuestra membrana sensible; sus lamentos, sus quejas y sus reniegos nos ponen nerviosos. Y parece la cosa más natural del mundo reducir sus dificultades por puro amor y compasión. Le giramos y le damos la vuelta, le sentamos o le ponemos de pie, a fin de cuentas es fácil ver qué desea el niño. Entonces, ¿por qué no facilitarle las cosas? Le ponemos en la mano ese objeto que no puede alcanzar, giramos el cochecito de manera que ya no haya ningún obstáculo, abrimos la caja que el niño no logra abrir y resolvemos con rapidez y eficiencia cientos de cosas con las que el pequeño tiene tantos problemas. Es muy fácil que todo esto suceda cuando infravaloramos la importancia de las actividades infantiles. Si entonces los niños apenas realizan esfuerzos y nos exigen cada vez más a menudo que solucionemos sus dificultades, es muy posible que creamos que hay algo en el niño que no está bien.

En otras ocasiones, será para nosotros todo un incordio que los niños quieran «ayudarnos». Apenas han aprendido a andar ya quieren barrer, fregar, cocinar y hacer pasteles como mamá, doblar la ropa, hacer las camas o limpiar las ventanas. Pero ¡sorpresa! El niño no lo hace en absoluto para terminar el trabajo lo antes posible. Apenas ha juntado con la escoba un montoncito de suciedad, vuelve a repartirlo por la sala. Pues con lo que el niño disfruta es con el movimiento, los distintos diseños que puede crear con el polvo como por arte de magia. El niño juega y no comprende las prisas de la madre, que hace estas cosas con la intención de acabarlas con eficiencia. He visto a niños de tres años que han lavado la misma vajilla durante horas, desarrollando relaciones íntimas con la espuma, con el fluir del agua, con el tintineo de los platos, para dedicarse después, extensamente y llenos de gozo, a limpiar los charcos de la cocina. A la hora de cocinar, los niños pequeños pueden animarse de tal manea que mezclan todo lo que tienen a su alcance. Cortan y recortan las mismas patatas hasta que quedan trocitos minúsculos y con la masa pastelera dan forma a las criaturas más temerarias salidas de su imaginación. En un solo calcetín pueden gastar toda una pastilla de jabón y luego dejarlo ahí todo para dedicarse a otra cosa.

En estas típicas escenas nos damos cuenta de que los niños *no* hacen las cosas porque deben resolverse, sino para satisfacer sus propias necesidades de desarrollo guiadas desde el interior. En los niños menores de siete u ocho años, la necesidad de coordinar movimiento y sentidos y la experiencia de la calidad de las cosas es primordial. En niños mayores de esta edad se produce el estímulo de la pregunta: ¿qué sucede si hago algo y luego lo modifico de esta o de esta otra manera? ¿Cuáles son las regularidades de la realidad exterior y qué consecuencias hay si no las observo? Y todo este hacer siempre va acompañado de sentimientos fuertes (de placer o de frustración, de grandes expectativas, de decepciones y cada vez con renovado optimismo): «Hoy lo he conseguido a duras penas, pero mañana saldrá mejor.»

El sentimiento básico para toda la vida futura procede por tanto de la infancia: cómo nos sentimos en el trabajo, y si encontramos un equilibrio entre el trabajo y el descanso para poder relajarnos de forma espontánea de cuando en cuando. Pero también la posibilidad de manejar las cosas y las situaciones con creatividad; no repetir sencillamente de forma mecánica aquello de lo que uno ya se ha apropiado; no darse por satisfecho con imitar un modelo, sino atreverse siempre a probar nuevas variantes y nuevas perspectivas; descubrir algo nuevo a cada paso; inventar combinaciones nuevas. Todas estas capacidades crecen a partir del afán de juego infantil que a menudo resulta incómodo para los adultos y para el que vale cualquier medio y cualquier camino.

De todo ello se deduce claramente con cuánta delicadeza debe ponerse límites al impulso de juego que tiene el niño. Por un lado, de nosotros, los adultos, se requiere que pensemos con lucidez, que tengamos paciencia y también, muy a menudo, que dejemos para otro momento los propios deseos. Por otro lado, los límites son necesarios para orientarse en un contexto social mayor que no sólo tiene que ver con los fuertes impulsos del niño. Un bebé juega con el pecho de la madre. Si lo pellizca y hace daño, es interrumpido con respeto pero con claridad. Jugar con la arena es una necesidad auténtica para todos los niños, pero este impulso debe detenerse ante las macetas de flores del salón.

Al parecer, la respuesta a este dilema se encuentra en nuestro esfuerzo por preparar y por limitar los entornos de tal manera que resulten adecuados no sólo para los niños, sino también para los adultos: podemos colocar una pequeña mesa especial para agua en el baño, una caja con arena en el garaje, un pequeño estante en la cocina donde incluso un niño de tres años encuentre ingredientes y utensilios de cocina. Cuando cortemos verdura, podemos colocar una tabla para el niño en la que pueda picar un par de rábanos como le plazca y al lado una tabla en la que la madre o el padre preparen la comida de la familia. De esta forma, el niño podrá hacer muchas cosas siguiendo su propio deseo, se sentirá acompañado, alcanzará ciertas habilidades y, poco a poco, será capaz de una auténtica cooperación que, para nuestra sorpresa, puede llegar a convertirse en una ayuda y en un rendimiento verdaderos.

Si los niños pueden estar activos en un entorno adecuado y en presencia de adultos comprensivos que no dirigen, aflorarán en su juego distintas fases: en primer lugar, fases de investigación de nuevas posibilidades que a menudo van unidas con el hecho de vencer obstáculos, con esfuerzos y frustración. Alguna que otra vez puede suceder que un niño pequeño se vea envuelto en una situación de la que realmente tengamos que «salvarle»: por ejemplo, si queda colgado de una escala elevada. Aunque él mismo haya conseguido subir, de repente, allí arriba, puede sentirse mareado, tambalearse desconsolado y necesitar nuestra ayuda para encontrar el camino de regreso. Pero estas situaciones no se dan a menudo si realmente evitamos «encaramar» a los niños o que con nuestra asistencia se vean envueltos en situaciones que están por encima de su madurez.

Tras esta primera fase de aventura y de esfuerzo comienza la época en la que se ejercita esta nueva capacidad. Aquí podemos observar en qué medida la acción se torna más fluida y automatizada. Pero en este practicar se identifica todavía cierto elemento de trabajo. Poco a poco, el juego de ejercitar acaba convirtiéndose en un juego de maestría que en apariencia sólo sirve para sentir el goce por dominar la actividad. En mi opinión, los adultos sentimos cierta resistencia contra esta fase del juego. Al contrario que los adultos «responsables» el niño aquí parece dedicarse a la diversión del juego libre de toda preocupación, simplemente sumergido en el placer de jugar. Juega mientras nosotros trabajamos muy duro. Y con preocupación pensamos en cómo estos niños, con tantas ganas de disfrutar, se enfrentarán a la «dureza de la vida». ¿No sería mejor que fueran a vaciar el cubo de la basura en lugar de pasar tanto tiempo divirtiéndose en los columpios?

La mejor forma de enfrentarse a ese «trajín de los niños» con una actitud interesada y respetuosa y, al mismo tiempo, encontrar puntos de referencia para los límites necesarios, en mi opinión, emana del deseo de una comprensión más profunda del verdadero *sentido del juego*. Por ello, debemos intentar contemplar por separado los distintos tipos de juegos, aunque se asienten unos en otros y se entrelacen unos con otros. Ya se han mencionado dos formas básicas que desarrollan los bebés y los niños pequeños de todo el mundo: desde temprana edad varían acciones instintivas que originalmente emergieron del repertorio de supervivencia innato. Ahí concurren permanentemente dos estrategias: los niños buscan modelos que imitar, pero luego modifican las actividades más insignificantes de una forma experimental. Pero si observamos con mayor atención, en la diversidad de variantes descubriremos modelos y ritmos que por un lado se asemejan, mientras que por otro muestran sus propias características.

Estos juegos que sirven para perfeccionar la motricidad y diversificar la interacción creativa con el medio ambiente implican un fenómeno especial al que aparentemente los padres acceden con mayor facilidad que las madres. ¿Cómo es posible que los niños no sólo luchen continuamente entre sí, sino que se sientan especialmente felices cuando los adultos se revuelcan con ellos por el suelo, se dejan derribar con empujones y puñetazos, con golpes y zancadillas, mientras emiten sonidos salvajes, ríen, y en ocasiones también lloran, protestan y luego llegan a nuevos acuerdos para ser más precavidos, y para que este juego pueda continuar?

¿No es este juego una necesidad básica que tienen en común los niños humanos con muchos animales mamíferos? ¿Es acaso una estrategia importante que sirve para desarrollar el «cerebro del mamífero» (es decir, el sistema límbico) y, por tanto, coordina los sentimientos, las capacidades motrices y sensoriales creando de este modo en los seres humanos los canales necesarios para que maduren las funciones cognitivas?*

Si nos fijamos en este juego con mayor detenimiento nos daremos cuenta de que precisamente aquí los límites se viven con mucha más intensidad que en cualquier otro tipo de juego, se tornan conscientes, se marcan y se constatan. El estrecho contacto de los cuerpos permite sentir más intensamente dónde acaba un organismo y dónde comienza el otro. Todo movimiento requiere una decisión: ¿hasta dónde puedo atreverme? ¿Qué permito y qué no? ¿Qué me hace daño, cuándo hago daño al otro? ¿Qué me asusta? ¿Cómo puedo asustar al otro sin llegar a herirle?

Cuando los niños del Pesta inician un juego de lucha, lo que hacemos es acercarnos en lugar de apartarnos. Intentamos captar el estado emocional de cada niño. Cuando un niño comienza a sentir miedo, a estar tenso o a mostrarse encolerizado, nos acercamos un

---

* Rebeca Wild se ocupa de forma pormenorizada de las estructuras cerebrales y de su importancia para el desarrollo infantil en sus libros *Erziehung zum Sein (Educar para ser)* y *Sein zum Erziehen*. [*N. del E.*]

poco más y verbalizamos un posible límite: «Si uno de vosotros no quiere continuar o llora, el juego se acaba». Nosotros, los mayores, aceptamos los juegos de lucha especialmente con los niños más pequeños, pero dejamos claros nuestros límites: «Juego pero sin morder, sin dar patadas, sin arañar y sin escupir». «Tampoco me dejo pegar en la cara.» Un niño que intenta hacerme daño con movimientos encauzados, en determinadas circunstancias, si giro mi cuerpo con habilidad, recibirá devuelto su propio golpe. Ante todo, establecemos claras distinciones entre juegos de lucha y de riña, que son juegos que cuentan con la aprobación de ambas partes, y las agresiones contra alguien (que no están permitidas).

En este marco seguro, los niños pueden disfrutar de luchas y de riñas hasta llegar a «batallas» casi formales no sólo entre ellos, sino también incluso con adultos. En un entorno relajado sin presión de rendimiento y sin medidas de educación autoritarias, pero sí con claros límites de respeto mutuo, este tipo de juego florece en grupos de todas las edades, a menudo hasta la pubertad, e incluso también después de ella. Pero entonces, estos juegos ya se desarrollan sin la regulación de los adultos, pues los niños más grandes formulan sus propias reglas, observan estrictamente su cumplimiento y garantizan la dignidad personal de cada participante.

El contacto corporal, la sensación de simpatía, la atención adecuada y la vivencia de una relación estrecha van muy unidos, especialmente en los pequeños juegos de riña entre padres e hijos. Hace poco, en un viaje en tren de Zúrich a Graz, presencié cómo este contacto humano salvaje puede llegar a cortarse. A mi lado iba sentado un matrimonio muy amable con su hijo de unos nueve años. El padre y la madre intentaban acortar las largas horas del viaje con material de lectura y con entretenimientos. Sin embargo, se mostraban bastante preocupados por la buena imagen de la familia. En cuanto el niño hablaba con un tono de voz algo más elevado, los padres susurraban pidiendo silencio e insistían en que no se alejara de su sitio. Pasadas unas horas, el niño necesitaba urgentemente algo de movimiento e intentó boxear un poco con el padre. Éste, tras lanzarme una mirada preocupada, susurró al niño: «¡Siéntate bien!».

Casi al instante, el niño apuntó el paisaje con el dedo y preguntó en voz alta: «¿Qué tipo de formación geológica es ésa?». Aunque aparentemente el padre sabía poco de la materia, inició una larga explicación (con miradas preocupadas por si sus compañeros de viaje escuchaban). Al igual que muchos otros niños, este jovencito también había desarrollado una estrategia para sustituir su necesidad de contacto corporal y de relación humana libre de toda preocupación: en esta emergencia, deben bastar las preguntas y las aclaraciones, sin importar que se hayan cogido por los pelos ni que sean insuficientes.

El casi interminable deseo de moverse que tienen los niños, podría decirse que casi incesante, su curiosidad, sus ganas de tocarlo todo, de desmontarlo, su afán de probar una y otra vez nuevos tipos de acciones, de ponerse a sí mismos y al mundo cabeza abajo, todos estos son factores que con gran facilidad causan irritación y tensión en la convivencia entre pequeños y grandes. Un elevado porcentaje de aquello que normalmente se describe como educación está relacionado con la limitación o con la sublimación de estas tendencias infantiles. Pero si nosotros nos hacemos cierta idea de lo que transcurre en el organismo infantil durante estas actividades espontáneas, cambiará necesariamente nuestra actitud y con ella nuestra relación con el niño.

No se trata sólo de que cuando un niño se mueve está formando sus músculos, respira más profundo, cuando suda segrega toxinas y desarrolla un corazón fuerte. Toda interacción espontánea, precisamente durante los años de crecimiento, crea una red interior entre los distintos sistemas neurológicos que sirve de base para comprender y entender el mundo. El «centro matemático», un núcleo neurológico en la corteza cerebral que es el punto de encuentro de todas las experiencias sensomotrices, permite entender las conexiones y los enlaces lógicos. Cuanto más ricos sean los encadenamientos, más favorecen la comprensión de las regularidades, la flexibilidad para pensar y la capacidad para relacionar sin problema acciones concretas con reflexiones abstractas.

Cada cambio de dirección corporal crea las bases para percepciones espaciales, crea la comprensión de longitudes, alturas y profundidades, de ángulos, giros y trigonometría. Cada juego nuevo crea un tipo de recipiente interior donde concebir todas las leyes físicas propias de nuestro planeta, tales como las estructuras para comprender la energía, la fuerza de la gravedad, la fuerza centrífuga, el tiempo, la velocidad, la resistencia o la temperatura. Y en esta interacción entre las experiencias, tanto con el propio organismo como dentro de él, y las realidades y las regularidades exteriores, se desarrolla la capacidad para diferenciar entre el interior y el exterior, para adoptar distintos enfoques y para experimentar que cada punto de vista lleve consigo nuevos juicios y nuevos conceptos.

En esta interacción entre el organismo y el medio ambiente que sirve para estructurar y afirmar las aptitudes personales, los niños que crecen en un entorno adecuado alternan períodos de estar solos (ponerse a prueba ellos mismos) con períodos en los que prefieren jugar con otros niños. Cuando notamos que en un niño ya no existe equilibrio durante mucho tiempo entre la actividad individual y la actividad en grupo, comenzamos a buscar las causas de posibles trastornos o interferencias. Estas causas pueden achacarse a un entorno inadecuado, quizás a una relación difícil con los adultos responsables, a un sentirse abandonado o a una falta de claridad en los límites.

Puede que sean todos estos factores juntos los que se influyen mutuamente. A los padres cuyos hijos insisten en pasar las tardes principalmente en grupos de amigos les aconsejamos que limiten temporalmente estas invitaciones recíprocas. Pero con esto no basta. Además, es preciso poner bajo el microscopio las circunstancias caseras. ¿Se da en este entorno lo que el niño necesita en su actual fase de desarrollo? ¿Y qué pasa con la seguridad emocional básica que, partiendo de los adultos, debe dar al niño una base firme para su quehacer autónomo? (En los corderitos que han sufrido un déficit de proximidad materna, se han descubierto trastornos en sus ganas de jugar y en su trato con otros animalitos.)

En los primeros años del proyecto Pestalozzi, cuando a menudo estábamos sobrecargados por organizar nuestro trabajo y atender a otras personas, nuestro hijo Rafael, que entonces tenía ocho años, insistió en que durante un determinado fin de semana debíamos dedicarnos realmente sólo a él y no podíamos dejar entrar en casa a nadie que no fuera de la familia. Aceptamos su imperioso deseo y nos mostramos dispuestos a dedicarle plenamente aquellos días. Pero cuál fue nuestra sorpresa cuando se dedicó a trepar a los árboles y a cavar en el jardín sin requerir nuestra presencia. Tras un buen rato entró en la casa y nos preguntó: «¿Estáis solos?, ¿no ha venido ninguna visita?» y se fue a un campo abierto para jugar con otros niños vecinos. Aquel fin de semana, este ir y venir se repitió en varias ocasiones con la frecuencia suficiente como para darnos una buena lección: estaba claro que habíamos descuidado ofrecer a Rafael vivencias suficientes en las que con toda claridad nos dedicáramos exclusivamente a él. En cuanto llegó a la convicción de que estábamos dispuestos a poner límites claros a otras personas se equilibró de nuevo su necesidad de actividad propia y de atención. Además, para él eran importantes las comidas fijas, no necesariamente porque tuviera hambre, sino porque garantizaban que estaríamos todos juntos sentados y nos acompañaríamos de forma sosegada.

Cuando los niños sufren carencia de estas claras situaciones en las que los adultos voluntariamente ponen límites a sus propios intereses y obligaciones para compartir su tiempo con los niños, a menudo prueban en qué medida pueden desacatar los tratos. Muchos buscan estar siempre con amigos, aun cuando jugar con ellos carezca de armonía. Por otro lado, los padres, en no pocas ocasiones, tienden a suplir su falta de presencia con una sobreprotección o con mimos, ratificando su amor con numerosos abrazos, con palabras primorosas y con regalos.

No hay duda de que la capacidad y el modo de jugar están estrechamente vinculados con las relaciones sociales. Si hablamos del hacer autónomo como motor de todo tipo de desarrollo, también se ve afectada la necesidad social básica de cada uno, incluidos los niños de todas las edades. De un modo muy especial, esta interrelación entre el estar consigo mismo y con otros se aprecia en el juego representativo de los niños. En este juego se funden la imitación y la experimentación personal de forma tan estrecha que a duras penas podemos separar una de la otra para examinarlas con mayor precisión.

Imaginémonos un niño de entre año y medio y dos años que acaba de solucionar la difícil tarea más o menos de sostenerse sobre sus dos piernas para comenzar a desplazarse. Aquí ya empieza una nueva aventura que —de forma parecida al equilibro físico y psíquico— es fundamental para su posterior desarrollo. Pongamos, por ejemplo, que este mismo niño está inspeccionando cualquier objeto, digamos un palito que ha encontrado en el prado. A continuación alza este trozo de madera y traza con él círculos cada vez más grandes en el aire, como si se tratara de un avión. Al mismo tiempo, produce algunos ruidos que recuerdan a los de un avión. De repente, cambia de actividad. Ahora la misma madera se ha convertido en un automóvil que empuja de un lado a otro por una carretera imaginaria en el suelo. De nuevo, los ruidos se adaptan a esta nueva forma. Después, el niño toma un segundo trocito de madera y juega a chocarlos.

¿Somos conscientes de qué elementos relevantes concurren en este juego cotidiano? Evidentemente, este niño ha tenido vivencias con aviones y automóviles, pero en este caso no se trata de una simple imitación de lo que ha visto. En ese momento, no hay presentes ni un avión ni un automóvil. Por lo tanto, el niño pequeño trabaja aquí con imágenes que ha conservado en sí y las representa por medio del juego. Y no sólo eso: cuando toma cualquier objeto y le asigna el significado que él quiere —lo hace volar como un avión, o circular como un automóvil, le da vueltas como a un perro o lo transforma en un paraguas—, el niño está creando sus propios símbolos. Ésta es una capacidad que para nosotros, los humanos, abre la posibilidad de un desarrollo cada vez más rico, siempre que las circunstancias lo permitan.

Esta época de juegos simbólicos tempranos coincide con el inicio del más intenso desarrollo del lenguaje. Los ruidos y los movimientos se transforman en conexiones cada vez más claras entre el lenguaje y las acciones complejas. Nuestro acompañamiento debe ser muy sensible si no queremos entorpecer este proceso creativo. De la misma manera que estamos impidiendo que el niño alcance un equilibro propio tanto físico como psíquico si le dirigimos cuando está aprendiendo a andar, si maniobramos con él o lo empujamos de un lado a otro, también interfiriendo desde fuera podemos perturbar seriamente la conexión entre la propia acción simbólica y el ruido y la palabra adecuados. Más complicado aún que refrenarnos en nuestro deseo de físicamente manipular a un niño pequeño según nuestras ideas, es cuidar la lengua y no hablarle a nuestro antojo con continua insistencia. Ésta es una buena oportunidad para poner límites a nuestras ganas de hablar y para aprender a reflejar los actos con palabras sencillas y precisas o sencillamente a cerrar la boca. Pues con explicaciones, ningún niño llegará a comprender verdaderamente la realidad.

Puede que esto nos resulte más sencillo si tenemos en cuenta que el niño, en el juego representativo, también trabaja para integrar las vivencias no digeridas que se almacenan en su organismo. Pueden ser cosas que hasta ahora habían estado por encima de su madurez, por ejemplo, viajar en coche, el encuentro con un perro grande o el abrir de golpe de un paraguas. Quizás se trate de vivencias que en determinadas circunstancias no han podido asimilarse porque se agolpaban en el niño demasiados sucesos, cuando, por ejemplo, vienen a casa varias visitas al mismo tiempo y el niño no puede concentrarse en ninguna de ellas.

A menudo se trata de experiencias que ponen en peligro la integridad del niño por haber sentido en ellas dolor, miedo o sobresalto. La visita al médico que le ha pinchado en el culito con una aguja puntiaguda, un choque o una caída grave, la muerte de un animal doméstico o discordias entre los padres. El mundo entero, aun cuando en apariencia no suceda nada especial o amenazante, para los niños es algo exorbitantemente nuevo, grande e incomprensible. Hasta los siete u ocho años, el niño vive con tanta intensidad en su realidad sensitiva que se verá afectado por numerosas situaciones mucho más directamente que los adultos, cuya percepción, en la mayoría de los casos, ya está intensamente filtrada, o incluso embotada. En el juego representativo, el niño repite una y otra vez lo que hasta entonces era demasiado fuerte para poder asimilarlo. Para ello utiliza cosas que es capaz de manipular en lugar de ser manipulado por ellas. Donde hasta entonces se situaba más o menos en la posición de víctima pasiva, en el juego representativo se convierte en el «autor» que domina la situación o que al menos se enfrenta a ella de forma activa.

La misma necesidad de asimilación se ve también satisfecha por niños mayores que desean entender el mundo a un nuevo nivel. Cuando un niño de siete u ocho años llega a la «edad de la razón», nosotros, los adultos, tenemos la tendencia a creer que, en lo posible, su mente debe alimentarse ahora con informaciones y agudizarse con ejercicios ingeniosos con el fin de prepararle para la lucha de la vida. Pero en realidad, es por la interacción concreta con su entorno como el organismo infantil desarrolla sus propios instrumentos biológicos para poder pensar de forma lógica y concreta. Por tanto, a un niño mayor de siete años, sus vivencias no le resultarán en modo alguno comprensibles. El niño deja madurar en ellas su criterio y su facultad de pensar. En este estadio no está protegido de la invasión de experiencias abrumadoras por prejuicios ni por categorías acabadas. De esta forma, el juego representativo para el niño más mayor cumple al mismo tiempo la función de poder integrar sucesos incomprensibles y cargados de emociones.

Dado que en el Pesta los niños de primaria pasan la mayor parte del tiempo «sólo jugando» y estamos organizados de tal forma que en cada área haya también adultos con todo el tiempo disponible para percibir y entrar en onda con los niños, sentir y pensar con ellos, se abre ante nuestros ojos una riqueza incalculable de contenidos lúdicos, de invenciones, de combinaciones y de actitudes humanas. Cuando los niños juegan están «totalmente ahí», son sus propios dueños y los investigadores de nuevas posibilidades, pero no dependen ni de nuestras ideas ni de nuestras conclusiones. Así es como nos convertimos, de la forma más imprevisible, en testigos de cómo se organizan en el tiempo y en el espacio, de cómo combinan y relacionan entre sí cosas naturales y cosas hechas por personas, desechos, materiales estructurados y desestructurados, y en su actividad espontánea hacen de cada día una fiesta. Por ello, quizás no resulta sorprendente que los niños protesten cuando los viernes a mediodía acaba la semana escolar, o cuando en julio el año escolar llega a su fin, y que los adolescentes, en este año escolar, hayan pedido pasar más horas en el Pesta.

En el juego representativo, los niños se mueven de muchas maneras diferenciadas. Manipulan todo tipo de objetos, hacen ejercicios de la vida diaria, están en estrecho contacto con sus sentimientos, hablan sin cesar sobre lo que están haciendo e interactúan intensamente unos con otros. En todo eso, cambian una y otra vez sus roles, ahora son un bebé, ahora son una madre, una visita de América, un perro o un gato, un médico o un barrendero, un peluquero o un submarinista.

Cuando, por ejemplo, los niños aquí construyen un «club» con tablones viejos, hojas de agave, ladrillos, barro, cinc y alambre, trabajan hasta caer rendidos para transportar sus materiales hasta el terreno escarpado donde realizarán su construcción. Discuten sobre sus planes, se ayudan unos a otros, preparan durante horas el barro que deberá mantener unido los ladrillos. Con cada nueva fase de la construcción plantean nuevas reflexiones y corrigen sus errores. Cuando han acabado con el cuerpo del edificio, celebran una fiesta espontánea de inauguración. Después pasan a los adornos y a rematar la construcción: se pule el suelo y, como por arte de magia, convierten material de desecho en muebles y cortinas. Se barre la entrada, se levanta alrededor una valla y se cava un jardín.

La interacción con cosas concretas y con amigos que cooperan para el bien del proyecto común crea su propia energía: se alternan la sensación de bienestar con disgustos, los conflictos con la búsqueda de soluciones. Al mismo tiempo, muchas veces es necesario escuchar a los demás o exponer con mayor claridad la opinión que uno tiene, apropiarse del punto de vista del otro sin por ello perder el enfoque personal. En ocasiones, estos proyectos duran días, en otros casos, semanas. De la misma forma inesperada que aparecen, desaparecen muchas veces de un día para otro. Este ir y venir de actividades −la manera como se inician poco a poco, luego se van haciendo cada vez más intensas y aceleradas y, a menudo de improviso, se interrumpen o van decreciendo paulatinamente− nos aporta siempre material sobre el que reflexionar. Pero a su verdadero sentido no nos acercamos hasta que no comprendemos que todos los objetivos exteriores de este juego se someten a un único objetivo: cuando los niños juegan, «se están haciendo a sí mismos».

En muchos juegos representativos, enseguida salta a la vista qué situaciones se están procesando en ese momento: desavenencias domésticas, miedo al dentista, adultos borrachos en una fiesta, un viaje en coche demasiado largo o la duda del propio valor.

Al principio puede que no resulte sencillo distinguir este tipo de juego, que vincula lo pasado con lo actual, las ideas interiores con realidades concretas, de juegos similares inventados y que tienen su origen en la televisión. También aquí los niños se mueven, hablan, utilizan objetos y tratan unos con otros. Pero si observamos con mayor detenimiento, percibiremos una calidad distinta: imitaciones estereotipadas de movimientos y de palabras, ninguna organización auténtica de acciones, más bien un dejar salir contenidos extraños que no tienen nada que ver con la vida personal. En lugar de cooperar, se alientan unos a otros. A menudo, la expresión de sus rostros está desencajada y, en apariencia, las voces no son las suyas propias.

En nuestro trabajo con los padres regularmente llamamos su atención sobre las numerosas informaciones que existen con respecto a los graves efectos negativos de la televisión (y de los vídeos). Aunque no «prohibimos» la televisión, son cada vez más los padres que se convencen de que su vida familiar sin televisión obtiene una calidad totalmente nueva y acaban deshaciéndose del televisor. En charlas de familia advertimos a los padres que sus hijos, en nuestro entorno libre y relajado, por cada hora de televisión luego tienen que «jugar» a la «caja tonta» durante al menos dos horas. Esto significa que durante este tiempo, en lugar de entregarse a sus verdaderas necesidades de desarrollo, limpian el organismo de influencias negativas y reúnen poca fuerza e interés por las investigaciones infantiles y por las actuaciones creadoras. Mientras se encuentren en la fase de desarrollo operativa,* sacarán lo que ha penetrado en ellos mediante una tecnología sutilmente traicionera. Pero cuando crezcan y su propio yo esté enterrado bajo todas las imágenes ajenas, no sabrán muy bien qué hacer consigo mismos en este entorno libre. Entonces, nuestro último límite sería dejar de aceptarlos en la escuela.

Pero antes de llegar a eso están los largos años escolares de jardín de infancia y de primaria en los que nosotros nos reunimos regularmente con los padres y trabajamos con ellos para hacernos una idea más clara de un entorno adecuado para el desarrollo humano. Argumentos como los de Jerry Mander y Neil Postmann en su libro *In the Absence of the Sacred* nos ayudan a desarmar la idea del llamado «valor educador e informativo» de la televisión. No obstante, algunos niños que pasan las mañanas en nuestro entorno preparado, viven no sólo la mayor parte de su tiempo en casa de sus padres sino que además tienen a menudo trato con parientes, amigos o vecinos que, aunque que sean más o menos pobres, tienen el televisor encendido todo el santo día.

Así es como sucede que, una y otra vez, los niños se presentan en la escuela con las más horrendas figuritas de plástico que proceden de la industria televisiva y captan la atención de sus compañeros de escuela menos autónomos. Una y otra vez hemos podido obser-

---

* Este concepto se debe a Piaget y Rebeca Wild lo ha explicado ya detalladamente en su libro *Educar para ser*. [*N. del E.*]

var que las acciones de los niños con estas cosas se reducen a un mínimo de movimientos esquemáticos y de verbalizaciones estereotipadas. Los niños parecen hipnotizados y a menudo se pasan toda la mañana con sus monstruosas figuras sin hacer caso en absoluto del gran número de ofertas que se le presentan. Tras mucho observar y hablar en el equipo de profesores, finalmente hemos decidido restringir temporalmente el juego con este tipo de figuras, aunque no lo prohibimos del todo.

En algunos casos aislados se ha dado que algunos niños con el paso de los años no han encontrado el equilibrio entre los juegos representativos y otras actividades que no sólo tienen por contenido procesar las vivencias y las impresiones no asimiladas, sino que además exigen una confrontación concreta con el medio ambiente, incluida la resolución de problemas, la superación de obstáculos y los intereses por resultados nuevos. Estos niños se sumergen cada vez más en un mundo de fantasía y no reparan en absoluto en que otros hacen deporte o trabajos manuales, en que cultivan un trocito de tierra, hacen experimentos, se aventuran con materiales didácticos de distintos grados de dificultad, van a nadar, hacen excursiones y una vez al mes eligen experiencias de trabajos prácticos (no pagados) fuera de la escuela durante tres días. A algunos les falta la sensación de las señales del transcurso del día de forma tan básica que si no se les recordara diariamente cada mediodía perderían el autobús.

En nuestras charlas, a menudo nos hemos planteado la siguiente pregunta: si el juego representativo es realmente una necesidad auténtica, ¿será oportuno poner límites a esos niños «fantasiosos»? El motivo de por qué en una u otra ocasión sí nos hemos decidido a hacerlo es la consideración de que aparentemente viven en una clase de mundo nebuloso, y sólo podrán percibir los perfiles de un medio ambiente concreto con ayuda de límites. En la práctica esto se da de la siguiente manera: uno de los adultos, responsable especialmente de ese niño, se dirige a él, describe lo que percibimos en él y que él mismo puede elegir cada día entre escoger una de las variedades de actividades concretas, o que un adulto se lo recuerde. Por actividades «concretas» entendemos cosas de la vida práctica (cocina, carpintería, jardinería, etcétera) o materiales didácticos concretos. Al mismo tiempo buscamos un contacto más estrecho con los padres y nos preocupamos de averiguar por qué ese niño tiene esta necesidad de aislarse en una fantasía que no tiene fin.

Esto suscita en los padres siempre de nuevo la pregunta de qué significa para los niños *apoyo adecuado*. De padres que desean corresponder especialmente a sus hijos, hemos oído a menudo que se unían con ellos a su juego representativo. Una madre opinaba lo siguiente: «Antes podíamos enviar a los niños aquí y allá según nuestros deseos. Ahora es al revés. Si mi hija quiere que me arrastre por el suelo como un perro, le hago el favor». Le pregunté si se sentía bien en su piel de perro. «Puede que durante un rato, pero cuando ya no quiero jugar, la niña se siente descontenta. Así que hago como si me estuviera divirtiendo.»

A muchos adultos que realmente se esfuerzan por participar en el juego representativo infantil parece que les sucede algo parecido. Aunque se sientan más o menos manipulados e incómodos, se comprometen con el juego. La mayoría de ellos se sienten realmente aliviados cuando se les asegura que ese «hacer como que» del adulto no significa ningún acompañamiento óptimo para el niño. Pues los niños no hacen «como que» juegan. Para ellos el juego es una actividad importante que les sirve para desarrollarse: para asimilar las vivencias, para simbolizar, para una sincera interacción con cosas y con personas. El adulto carece de todas estas cualidades y sólo «por amor al niño» hace como que juega. Al final, acaba convirtiéndose en una caricatura insatisfactoria e insatisfecha de sí mismo.

Por lo general, hace tiempo que los niños se han dado cuenta de que los adultos sencillamente no pueden estar ahí sin hacer algo determinado y que al parecer tienen que estar continuamente justificándose por lo que hacen con su tiempo. Si quieren estar seguros de que estamos «con ellos», utilizan estrategias con las que esperan asegurar nuestra presencia. «Mamá, juega conmigo» es una de ellas. Cuando nos hayamos aclarado a nosotros mismos de que sobre todo lo que se requiere es nuestra presencia, nos resultará más sencillo poner un límite adecuado cuando en el juego representativo tengamos que asumir un rol activo. Por ejemplo: «No quiero jugar, pero estaré contigo y te estaré mirando.»

Qué tranquilidad si una y otra vez podemos sencillamente estar *presentes* de forma voluntaria durante un rato, cuando los niños se sumergen en el mundo de sus fantasías, cuando con nuestra postura, con nuestras miradas y con algunas prudentes palabras acompañantes expresamos nuestro interés, desempeñando de este modo un importante papel de adulto: servir como reflejo de las actividades de los niños y con ello dar nuestra aportación para que se cumpla el potencial humano de la introspección hacia el cual los niños madurarán sólo poco a poco. Pero ¿cómo podemos lograr una actitud adecuada de la cual los niños puedan percibir amor y respeto, estar seguros de nuestro interés y sin sentirse preocupados por si inesperadamente y sin que nos lo hayan pedido intervenimos en su juego, desaparecemos repentinamente o les cortamos el juego con alguna orden, por ejemplo, al decir: «¡Corre rápido a comprar tabaco para papá!».

Creo que es un proceso muy largo que avanza paulatinamente si nos concedemos un poco de tiempo, si miramos con algo más de atención, si no juzgamos con tanta rapidez, pero a cambio fortalecemos en nosotros el deseo de aprender a vincular las situaciones más diversas y más inesperadas con los procesos internos. Esto implica que los mismos adultos nos pongamos límites en algunos puntos básicos: que sólo en el caso de emergencia más extremo interceptemos a los niños, no los interrumpamos con comentarios superfluos cuando se encuentran en medio de un juego y más bien nos comportemos como si se tratara de personas concentradas que justo están inventando un programa informático. Es una buena práctica acercarse a los niños que están jugando de forma que sin mediar palabra perciban cuándo queremos algo de ellos, y que justo en el preciso momento en que nos echen una breve mirada demos un aviso amable: «Dentro de media hora [o dentro de diez minutos] vamos a comer [nos vamos a comprar]».

Cuando se trata de recoger, aconsejamos proceder de una forma similar para poner los límites necesarios al juego. Cuando los niños empiezan a llevar a la cocina o al comedor sus juguetes, les recuerdo desde el principio: «Media hora antes de la cena tiene que estar todo otra vez en su sitio. Ya os avisaré con tiempo». Y cuando se acerque la hora les iré dando avisos en distintos intervalos. Si no tengo éxito, estaré allí personalmente para asegurarme de que se recoge. En ocasiones puedo incluso ayudar y cuando la resistencia es mayor quizás decir: «Así que no queréis recoger. Entonces, la próxima vez no permitiré que traigáis las cosas a la cocina». (Una advertencia que también debería llevarse a cabo.)

La cosa se complica cuando niños que no están habituados a tales límites están también participando en el juego. Siempre nos ha parecido práctico separar las situaciones: ¿han invitado nuestros hijos a los niños? Entonces también son responsables de que la visita ayude a recoger. Si los otros se niegan, les toca recoger a nuestros hijos, pero tendrán nuestra aprobación si no desean volver a invitar a ese amigo o amiga. Otra posibilidad es que la próxima vez, antes de empezar a jugar, les hagan prometer que luego ayudarán.

Pero si somos nosotros los que hemos invitado a otros niños o simplemente se han presentado en casa, nosotros, los adultos debemos ocuparnos de que se cumplan las reglas de la casa. Esto significa que primero preguntaremos si nuestro hijo quiere jugar con ellos (si se niega, debemos respetar esta decisión), les informaremos de que después hay que recoger y si fuera necesario, en el peor de los casos, recogeremos nosotros un poco, pero después comunicaremos lo siguiente: «La próxima vez no te dejaré jugar con estas cosas».

A partir de estos pequeños ejemplos cotidianos queda claro cómo la vivencia de límites siempre es recíproca: no podemos exigir respeto a los niños cuando nosotros mismos somos negligentes o no tenemos suficiente presencia para tratar a los niños dentro de los parámetros básicos del respeto humano. Cuando padres agobiados preguntan por los «límites correctos», solicitan a menudo recetas patentadas. Pero el arte de estar presente, interiormente activo, aunque en el exterior parezca que no se está haciendo nada, y al mismo tiempo establecer contactos entre las señales exteriores y los contextos interiores, es algo de lo cual no se puede liberar a nadie ni enseñárselo. Pues esto requiere de una decisión personal de poner límites una y otra vez a viejas costumbres, inercias y apatías.

LÍMITES Y REGLAS

Cuando he mencionado los distintos tipos de juegos y sus relaciones con los límites he preferido pasar por alto provisionalmente el género de los juegos de mesa, aunque sean precisamente éstos los que ocupan un lugar destacado en muchas habitaciones de niños, en los jardines de infancia y en algunas escuelas. Un punto en común de los juegos de mesa es que por norma general funcionan con unas reglas previamente establecidas. En las cajas que los contienen leemos, por ejemplo, «Desde 4 años», «Desde 8 años» o «De 10 a 99». Muchos adultos que en el fondo no sienten un verdadero interés por el juego de los niños consideran que la elección más sencilla es jugar con ellos a estos juegos de mesa. Por tanto, no es de extrañar que los niños, en su hambre de atención, supliquen con frecuencia: «Venga, juega conmigo una vez» y con la esperanza de poder seducirnos acaban trayendo consigo toda su colección de juegos.

¿Por qué creen los adultos que lo más cómodo es hacer de estos juegos una causa común con los niños? Probablemente, los motivos son complejos: por un lado, en estos juegos no tenemos que movernos mucho y, por otro, son los que más se acercan a la mentalidad de los adultos de ante todo utilizar la cabeza. Además, nos mueve tal vez la esperanza de que estos juegos serán para los niños más útiles que el barro o que trepar por los árboles. Además, muchos juegos de mesa están en onda con el espíritu de la rivalidad, tan cotizada en nuestra sociedad. Quizás estos juegos también nos resulten especialmente simpáticos por sus reglas fijas, a las que siempre podemos acudir cuando nos amenaza el espíritu libre de invención de nuestros retoños.

Al principio, me costaba entender por qué se producía tanto enfado cuando, con mis mejores intenciones de ser una buena madre, me metía en estos tipos de juegos de mesa cuando mis hijos eran menores de ocho o nueve años. Cuando niños en distintas fases de desarrollo jugaban juntos, a veces, sus continuas rencillas me crispaban los nervios. Pero no sólo en el caso de niños. Yo he visto que hasta adultos se han lanzado copas de vino a la cabeza mientras jugaban al Monopoly. ¿Cómo puede suceder algo así, si las reglas del juego son obvias?

Han sido necesarios algunos años de trato diario con niños (pertenecientes a grupos) de distintas edades y etapas de desarrollo y bastante estudio de las investigaciones de Piaget, para poco a poco llegar a comprender que la capacidad para poder entender las reglas no se debe a instrucciones o enseñanzas, sino que implica un proceso de desarrollo. Tratar con reglas es algo que no puede aprenderse como la tabla de multiplicar, sino que requiere comprensión, la cual depende básicamente de la manera y de las circunstancias en que un organismo interactúa con su medio ambiente.

Niños que con tres o cuatro años van por primera vez al jardín de infancia ya acarrean distintas condiciones previas. Si hasta entonces habían tenido experiencias suficientes con límites claros en relación con un entorno adecuado a sus necesidades auténticas, han podido elaborar una *regla* a partir de todas estas experiencias, es decir, una generalización de acontecimientos aislados que en sí ya implica una estructura de comprensión interior. En cambio, si sus experiencias con límites han sido esporádicas, contradictorias o confusas, y no estaban relacionadas con un entorno adecuado, su capacidad de captar las reglas no es fiable, y puede compararse a una red mal tejida. Y a fin de cuentas, depende no sólo de si sus experiencias con límites eran coherentes con el respectivo entorno, sino también de que la forma como se los han puesto haya sido la adecuada para su estado interior.

Precisamente durante los tres primeros años de vida, poner límites es lo más crítico. No sólo es importante encontrar los límites adecuados para cada niño en función de su fase de desarrollo, además es primordial qué límites ponemos a nuestras propias costumbres personales o culturales. Por consiguiente, las regularidades en la vivencia de límites crean una red neurológica interior en la que las reglas pueden ser captadas. El organismo infantil necesita unos tres años hasta que llega a producirse una densidad suficiente de experiencias con límites, de forma que sea posible concebir reglas como tales. Pero de ninguna manera esto significa que el proceso de desarrollo haya concluido, sino que ahora seguirá su curso a través de todos los años de desarrollo.

Las primeras experiencias con límites se producen, bien por leyes de la naturaleza inquebrantables –me hago daño cada vez que choco contra una pared–, bien por la firme voluntad de un adulto: «No te permito que pintes la manta con mi lápiz de labios». En este caso, es evidente que cuanto más intensa es la actividad espontánea del niño, y cuanto más rico el entorno, más frecuentes y multiformes serán los encuentros con límites en comparación con un niño que pasa mucho tiempo inmóvil en un entorno monocorde o delante de la televisión. Por tanto, la red interna de los niños activos, en la que los límites se han convertido en reglas, presenta necesariamente muchas más «mallas», lo que le permite captar más situaciones y más variadas.

A partir de la diversidad de experiencias con límites se produce poco a poco lo que podemos denominar «reglas de la casa». Cuando los niños alcanzan este grado de desarrollo, es posible cuidarles por un tiempo limitado en un grupo mayor dentro de un entorno preparado, por ejemplo, un jardín de infancia. Basta entonces con recordar las reglas de la casa, tales como «cada uno recoge lo que ha utilizado» para mantener cierto orden sin necesidad de tener que estar continuamente presentes ayudando y recordándoselos. Por el contrario, los niños más pequeños o aquellos con un pasado «sin límites», todavía siguen necesitando adultos que a cada paso, en todas las situaciones, pongan límites como si cada ocasión fuera la primera vez que le ponen los límites.

No pocas veces he oído a madres de niños de entre dos años y medio y tres años y medio que se quejaban de que sus retoños ponían a prueba sin cesar el mismo límite, y quizás a cada minuto volvían a hacer aquello que justo se les acababa de prohibir. Puede comprenderse muy bien que con el tiempo a las madres se les acabe la paciencia y reaccionen con protestas o amenazas. Pero si supieran que tal vez su hijo se encuentre precisamente en una fase sensible y que justamente está asegurando la red interior que transforma los límites en reglas, quizás le resultaría más sencillo conservar la calma y acompañar pacientemente al pequeño «hilador» siempre con los mismos límites, en lugar de desesperarse, desgastarse con quejas o ceder resignada.

Puede que parezca una contradicción el hecho de que a partir de los «límites fijos» no se produzcan en absoluto «reglas fijas», sino que, cuanto más avance el proceso de desarrollo, más crece la capacidad esencial de percibir reglas y regularidades, de aceptarlas y, a continuación, de bregar con ellas de un modo creativo y flexible. En los niños pequeños vivimos ya la primera tendencia a la creatividad cuando se sienten respetados y amados sin condiciones. Incluso ellos muestran en numerosas circunstancias, como por ejemplo, a la hora de lavarse o de bañarse, sus ganas de probar en qué medida pueden jugar con el adulto que le cuida y con sus limitaciones. Y éste es un proceso de aprendizaje importante también para nosotros; porque es una oportunidad para aprender a sentir cuánto espacio necesita un niño para este tipo de experimentación sin perder de vista la limitación de la situación, ya que al fin y al cabo estamos limitados temporalmente.

Este modo de jugar es distinto del comportamiento de los niños que carecen de la experiencia de límites claros y que por ello directamente provocan que por fin alguien ponga un ultimátum a sus disparates. Además, se distingue también de ese permanente «estar en contra» de otros niños que sufren de continuas prohibiciones y de un entorno crónicamente inadecuado. Que los límites fijos en un entorno adecuado y la necesidad de hacer con ellos numerosos ensayos realmente no son una contradicción, sino que pertenecen a la dinámica de un organismo inteligente que se está desarrollando, se nos hace evidente si tenemos en cuenta la evolución del juego infantil. Al principio, los límites se experimentaban a través de la autoridad del adulto y de la firmeza de las leyes naturales. Pero pronto, los límites y las reglas se convierten en ingredientes constantes del repertorio de los juegos libres. En lugar de seguir siendo víctimas de límites, el niño que juega llega a ser su creador y comienza a experimentar con ellos.

También aquí el proceso avanza por etapas. En la fase preoperativa, es decir, antes del séptimo o del octavo año de vida, observamos cierta rigidez o terquedad cuando los niños, por ejemplo, al jugar a la familia intentan ponerse de acuerdo entre ellos. Una vez que una regla está acordada entre ellos, es defendida largo y tendido ante posibles cambios. Las discusiones surgen con facilidad cuando un niño mayor exige más flexibilidad en el juego. El niño más pequeño se siente seguro si repite siempre, una y otra vez, la misma regla. Si en el juego del escondite no se encuentra a uno de los jugadores siempre en el mismo lugar, un niño pequeño tal vez se desesperará, mientras que uno mayor se aburrirá si no puede ingeniar y descubrir otros escondites.

Además, nos hemos dado cuenta de que cuando los niños están todavía en el estadio de las reglas fijas toman, por decirlo así, al pie de la letra cada regla, cada prohibición y cada permiso de los adultos, insisten perfectamente en ellos y los defienden ante todo el mundo. Pero al mismo tiempo, no les importa violar a hurtadillas esas mismas reglas. Es el estadio de la «doble moral» que va mano a mano con una lógica infantil en la que las cosas y los sucesos están de alguna manera relacionados entre sí y en la que parece no haber ninguna necesidad clara de desenmascarar contradicciones o absurdidades.

A menudo, esta inflexibilidad o intransigencia nos resulta problemática, puesto que conllevan muchos conflictos y lágrimas y en no pocas ocasiones pone en peligro la paz de la casa. Muchas veces nos sentimos tentados de predicar razón a los niños y de darles consejos sobre cómo podrían resolver sus querellas de una forma más eficiente: «¿Por qué no puedes ser tú el bebé durante media hora». «Pero tienes que entender que tu amiga no quiera hacer siempre de perro. ¿Te gustaría que otras personas fueran contigo tan tercas como tú lo estás siendo con ella?» Probablemente, con estas indicaciones creemos estar acelerando el proceso de socialización de los niños y transmitiéndoles unas nociones importantes. En realidad y en el mejor de los casos, los niños aprenden estas enseñanzas de memoria, las repiten en la próxima oportunidad que se les presente con otros más débiles, pero en situaciones nuevas conservan la actitud que corresponde a su verdadero estado de desarrollo.

Al principio, las reglas inventadas por los niños de esta etapa son inevitablemente rígidas. Para el niño son como una obra de arte de la que cuelga y que no le gustaría ver alterada por otros. Al mismo tiempo, estas creaciones propias tienen lugar en una fase en la que repeticiones y memorizaciones de nuevos avances son típicas e indispensables para el fortalecimiento. Por tanto, nuestras buenas intenciones para influir en el niño de forma positiva tienen más bien un efecto contrario: el niño debe defender su estructura interior contra nuestra intromisión y, en realidad, de este modo fortalece su egocentrismo, en lugar de abrirse al mundo poco a poco desde su propio punto de partida.

Pero en estas circunstancias, ¿cómo podemos acompañar a los niños con respeto, si la terquedad infantil lleva inevitablemente a conflictos? A algunos adultos les parece mucho más sencillo no entremeterse en las controversias de los niños y dejar que ellos solos las resuelvan. Pero entre entremeterse y dejarles solos existen otras alternativas de atención respetuosa y afectuosa que al mismo tiempo corroboran el dilema infantil: «Tú quieres ser el bebé y que Mónica haga de abuelita». Y después, al otro niño: «Tú también quieres hacer de bebé y no tienes ningunas ganas de ser siempre la abuela». Nos quedamos con los niños, y si es posible les damos contacto físico, señales de que nos interesamos por su desagradable situación, pero sin darles propuestas de solución, aun cuando se prolonguen las acusaciones y las verbalizaciones ilógicas de los niños.

Esta forma de actuar ofrece a los niños la seguridad necesaria a partir de la cual pueden poco a poco abandonar antiguos puntos de vista y cambiarlos; ofrece la oportunidad de aprender a confiar en el programa de desarrollo interior humano, pues la enorme necesidad de los niños de jugar juntos con otros les permite encontrar soluciones propias y olvidar su pelea. En este caso, sólo los niños con un déficit de amor son una excepción, pues han encontrado en las peleas una estrategia para obtener atención. Tras muchos y pequeños avances y aparentes retrocesos, cuando los niños pasan a la fase operativa vemos claros cambios en su forma de bregar con las reglas. En primaria, a los niños les siguen encantando los juegos representativos, pero ahora sienten la necesidad de cambiar los roles con más frecuencia para realmente disfrutar del juego. Además, ésta es la etapa en la que descubren muchos juegos nuevos con sus correspondientes reglas igualmente modificables.

Por ejemplo, en el juego de las canicas se inventan consignas y palabras clave que alteran las reglas de forma fulminante. Cuando nosotros, los adultos, les vemos jugar, muchas veces tenemos problemas para captar estas variantes, porque se producen con mucha velocidad. Hace poco intenté seguir las reglas del juego y los sucesos que iban cambiando vertiginosamente en un juego de policías y ladrones que se desarrolló en nuestra torre de escalar de seis metros de altura y alrededor de ella. Unos treinta niños de entre siete y doce años nombraron entre ellos a tres o cuatro cazadores que cambiaban de repente cuando se pronunciaba una palabra acordada. Cada vez se iban sumando nuevos niños al juego y otros lo abandonaban sin que nadie protestara. Los movimientos de los niños eran enormemente complejos cuando trepaban por un puente colgante, por escaleras, por escaleras de soga, por una barra de bomberos, por lianas y por neumáticos colocados unos sobre otros. La distancia desde la torre desde la cual los niños podían correr estaba acordelada. La velocidad de los acontecimientos, el ir y venir, el subir y bajar y el cambio de cazadores y cazados iba más allá de mi capacidad de abarcarlo todo con la vista. Pero era evidente que los niños se orientaban con la rapidez de un rayo. Me quedé con el gusto de imaginarme las conexiones neurológicas que debían producirse en su organismo en aquella actividad espontánea enormemente enmarañada.

En esta misma edad en que los niños organizan y varían de esta manera sus propios juegos libres, descubren también la satisfacción que les dan todo tipo de juegos estructurados con reglas establecidas. Ahora se interesan por las instrucciones, las leen con atención o piden a otros que se las expliquen. Pero entre ellos a menudo se ponen de acuerdo en modificar estas reglas a su antojo. Para ello hay dos factores que les importan especialmente: que se encuentren estrategias adecuadas para llegar a acuerdos, y que estos tratos se cumplan hasta que sean sustituidos por los mismos jugadores.

En esta fase advertimos notables diferencias incluso entre niños de la misma edad. En aquellos niños que han tenido experiencias con límites adecuados y firmes y que a partir de ellos han podido deducir reglas fiables y coherentes con cada situación, esta nueva fase de hacer acuerdos y compromisos mutuos muestra características de respeto mutuo y de alegría por tener la creatividad de aunar regularidades fijas con libertad. En los niños que carecían de las bases para entrar en este proceso hemos notado distintas formas de comportamiento: insisten en las reglas acordadas en un principio, intentan conseguir ventajas haciendo trampas o son incapaces de establecer una relación entre su propio hacer y los procesos del juego. Durante un juego de mesa, una niña de nueve años que tenía dificultades en todos los aspectos con las reglas de la casa más elementales, explicaba con mucha convicción durante un juego de mesa: «¡No he movido la pieza. Se ha movido ella sola!».

Una de las áreas más interesantes que nos permite estudiar en el Pesta los distintos procesos al seguir o crear reglas es nuestra cancha de juegos. Dentro de nuestro terreno empinado es el único campo amplio y aplanado. Se decidió emplear una aplanadora pensando en la pasión futbolística tan extendida y, al principio, los niños utilizaban el lugar sobre todo para dedicarse a este deporte. Pero pronto fueron surgiendo muchas otras necesidades, por lo que hoy, en medio de nuestro «campo de fútbol», se ha tendido una red de voleibol, en un lado hay instalaciones para baloncesto, en el otro una cavidad para saltos de altura y de longitud, en un rincón se ha levantado una pared para otros juegos de pelota, y continuamente se producen «epidemias» de los juegos más variados como bádminton, béisbol, canicas y muchos otros juegos de movimiento y de pelota inventados o tradicionales.

El fútbol es un juego con unas normas fijas que en la escuela común suelen enseñar los profesores de deporte a los niños o en asociaciones deportivas un entrenador. El objetivo del juego consiste en vencer al otro equipo y para este fin ensayan las correspondientes técnicas con pitos, órdenes vociferadas y aplausos, todo ello con el fin de potenciar al máximo las posibilidades de ganar. Sin embargo, el campo de fútbol del Pesta ofrece un panorama poco habitual: aquí son niños de distintas alturas y destrezas que tienen una sola cosa en común (que se encuentran en la «edad de hacer reglas» y que les gusta jugar). Antes de empezar a jugar pasan a menudo quince, treinta y hasta cuarenta minutos poniéndose de acuerdo sobre las reglas y reuniendo equipos mezclados entre los más pequeños y los mayores. Después juegan con entusiasmo, con movimientos fluidos, llenos de energía y gritan un sonoro «¡Hurra!» cuando meten un gol. Si en medio del juego llega un nuevo niño o una nueva niña, sólo tiene que preguntar en voz alta: «¿Con qué equipo puedo jugar?» para luego incorporarse al que le designen. El número de jugadores es flexible. Hay momentos en que corren por el campo cuarenta personas, mientras que en otras ocasiones sólo ocupan sus posiciones un puñado de niños. Un enorme pastor alemán también puede participar si los niños se lo permiten. Pero lo más sorprendente es el final del juego: los perdedores dan tantos gritos de júbilo como los ganadores, pues el sentido del juego no era ganar, sino satisfacer una necesidad de desarrollo auténtica en la que se incluyen en la misma medida la oportunidad de hacer reglas, como la alegría por moverse, el aire fresco y compartir esta vivencia con otros.

La experiencia enseña a los niños que siempre deben discutirse nuevos pactos para explotar al máximo el terreno de juego. Si las diferencias de edad y de tamaño de los jugadores son excesivas, los más pequeños tendrán miedo de los fuertes lanzamientos de los mayores, y éstos no se divertirán si no pueden poner en ello todo su empeño. Por eso, en las reuniones semanales se negocian una y otra vez tiempos en los que los niños más pequeños de primaria puedan jugar solos y los mayores puedan hacerlo con los adolescentes. Pero la última media hora de la mañana queda abierta para el deseo general de todos los grupos de edades, y la regla es que los mayores deben respetar a los más pequeños.

Sin embargo, como la cancha sirve además para muchos otros tipos de juegos, cada día hay motivos para negociar nuevas soluciones. ¿Cuánto espacio puede ocupar el béisbol a fin de que en el otro lado del campo quede sitio para el baloncesto? Hubo que levantar dos porterías pequeñas para que los niños más pequeños pudieran jugar utilizando sólo la mitad del campo, mientras que el resto quedaba libre para otras actividades. Pero también hay días en los que los niños y los adolescentes se ponen de acuerdo para utilizar todo el campo para jugar al fútbol o al béisbol, mientras a la vez en otro lado se juega al baloncesto o en los extremos y en los rincones tienen lugar otros tipos de deportes o de juegos. Todo esto tiene el efecto de aumentar la atención y la agilidad hasta un nivel increíble. Los conflictos y los enfrentamientos se evitan en la medida de lo posible, no porque los adultos prediquen la paz, sino porque los niños saben cómo aprovechar al máximo las condiciones del juego. De esta manera, hace poco, en nuestro pequeño periódico escolar apareció la siguiente buena noticia: «Imaginaos la cantidad de juegos que se practicaron la

147

semana pasada en la cancha y todos al mismo tiempo: fútbol, voleibol, baloncesto, salto de altura, patinaje, campo y ciudad, canicas y
policías y ladrones».

Todas las semanas hay una asamblea para los niños de primaria
y otra para los alumnos de secundaria. Estas reuniones son dirigidas por el equipo presidente elegido. Los adultos acompañantes, como
todos los demás, tienen derecho a voto. En estas reuniones el primer
punto del orden del día es repartir pequeñas responsabilidades semanales, el segundo es divulgar noticias y el tercero debatir las reglas
de la casa, escuchar las quejas y acordar las «sanciones» para el caso de
que alguna regla no se haya cumplido. Estas reuniones nos ofrecen
amplias oportunidades para experimentar y acompañar los procesos
de los niños de un modo especial. De esta forma queda claro que
los niños de entre seis y ocho años todavía tienen poco interés por
las discusiones y los procesos de autogobierno. Preferirían utilizar el
tiempo para jugar y puede verse que sólo se sientan ahí porque su
participación es obligatoria (la *única* actividad obligatoria, pues todos
los demás grupos de trabajo son voluntarios).

En cambio, los niños mayores de primaria disfrutan de estas circunstancias especiales en las que pueden practicar el hacer reglas
en un marco tan amplio. En parte lo hacen con poca destreza y con
numerosas divagaciones, otras veces con gran verbosidad, pero también hay ocasiones en las cuales casi llegan a una maestría en el
arte parlamentario. Mientras que los más pequeños buscan medios
y vías para en lo posible acortar los «actos oficiales» necesarios, los
mayores buscan directamente excusas para prolongarlos al máximo. Hacer reglas y discutir sobre «castigos» y condonaciones acaban
convirtiéndose en un juego. Con frecuencia, las «sanciones» que se
inventan para los casos de infringir reglas tienen poco que ver con
la falta en sí misma o son algo exageradas. Por otro lado, los niños se
muestran rápidamente dispuestos a perdonar los castigos a los cul-
pables si les vence la compasión.

En el caso de los adolescentes, las reuniones semanales transcurren
ya a un nivel mucho más diferenciado. El orden del día expuesto sirve principalmente para organizar la convivencia con las menores dificultades posibles y para proponer posibles actividades conjuntas. El
objetivo importante consiste en la discusión, y ya no tanto en el hacer

reglas como una necesidad en sí de desarrollo. Los «castigos» se relacionan mucho más a menudo directamente con la falta, por ejemplo, la tarea de llevar el diario a la escuela durante una semana como «sanción» por haber garabateado en el periódico que normalmente está a disposición en la escuela. Una y otra vez los adolescentes necesitan las reuniones también para largas conversaciones, no sólo para discutir y planificar las actividades de cada día, sino para hacer profundas reflexiones sobre problemas sociales.

A partir de estas breves descripciones podemos también aclarar una cuestión que siempre se nos plantea, es decir, por qué no organizamos ya desde el jardín de infancia reuniones para intercambiar y negociar las reglas de casa que se aplican a todos. El hacer reglas pertenece claramente a la fase de desarrollo operativa, (o sea, «a la edad de hacer reglas»). En cambio, durante el período preoperativo, los niños se ocupan de relacionar las reglas establecidas por los adultos con las situaciones más diversas. Como ya hemos visto, ellos tienen suficiente trabajo con practicar el hacer reglas en sus propios juegos espontáneos. Si queremos instruirles para que se sientan responsables con respecto a las reglas de la casa y a los tratos generales, esto sería, en el mejor de los casos, un intento de adaptarlos, pero de ninguna manera una condición favorable para procesos de desarrollo auténticos.

Algunos padres se entusiasman por la idea de hacer asambleas, que en el Pesta tiene su razón de ser, porque facilitan la convivencia en una comunidad tan grande, idea que transfieren directamente a su situación en casa. Entonces, en una «familia normal» formada por dos o más niños y dos adultos se juega diligentemente a parlamentar, y las decisiones se someten a los votos en un «consejo familiar» en el que los preescolares son educados para la democracia junto con los mayores. Este tipo de práctica no me parece –salvo en situaciones excepcionales– precisamente adecuada para una familia. Personas que están tan cerca unas de otras, y que normalmente podrían fácilmente comunicarse en este círculo estrecho, deberían realmente salir adelante sin tales formalidades para anunciar sus necesidades y vencer sus diferencias.

Hora tras hora y día tras día dentro de la familia o en un entorno preparado, el trato con los niños proporciona una nueva oportunidad a aquellos adultos que buscan nuevos caminos, no sólo para volver a descubrir los vínculos entre límites y reglas y una atención adecuada, sino también para reflexionar sobre ellos. Nuestro dilema es que nosotros mismos, en nuestros años de desarrollo, no hemos podido tener experiencias suficientes en un entorno adecuado y con adultos que nos hayan apoyado sin inmiscuirse. Los niños y los adolescentes que crecen actualmente en estas nuevas condiciones son ahora nuestros críticos. Nos exigen, por ejemplo, que pongamos límites con presencia y con respeto, pero también con firmeza y con humor; que facilitemos las circunstancias en las que ellos mismos puedan negociar sus reglas y también garantizar personalmente su cumplimiento. En esta práctica diaria experimentamos cómo nuestra propia comprensión crece poco a poco y cómo podemos reestructurar viejas vivencias inadecuadas.

PROCESOS DE DESARROLLO

- *Los niños necesitan un entorno preparado, libertad y límites.*
- *Los límites forman parte de la vida.*
- *Sin límites adecuados no podemos convivir en paz.*
- *Sin límites adecuados no es posible poner en práctica el amor ni el respeto.*

Esforzarnos para entender estas conexiones y llevarlas a la práctica significa allanar caminos hacia nuevas relaciones humanas y hacia un mundo mejor –al menos, eso es lo que esperamos–. Ésta es una invitación que contradice una tradición educativa centenaria del «niño súbdito». Muchas personas consideran que estas nuevas vías son aún poco seguras y fiables. Acostumbrados a guiarnos por prescripciones o por consejos de expertos, nos resulta harto difícil ir deduciendo poco a poco la respuesta a nuestras cuantiosas preguntas a partir de la propia experiencia. Entre ellas se encuentra, por ejemplo, la pregunta candente: ¿cómo podemos saber si la cualidad del entorno y de las relaciones están o no en armonía con las necesidades de desarrollo? ¿Qué características saltan a la vista cuando los procesos de desarrollo corresponden al plan interior, y cuáles salen cuando lo entorpecen? ¿Basta con que nosotros, gracias a nuestros cambios en la convivencia con los niños, estemos menos estresados, o deberíamos reflexionar sobre la dirección en la que deseamos desarrollarnos junto con los niños?

Este tipo de consideraciones y la idea de que los límites también dependen de qué procesos acogemos con satisfacción y cuáles preferimos restringir son el resultado no sólo de numerosas situaciones concretas que se han ido produciendo a lo largo de los años, sino también del desafío de querer entender nuestras vivencias diarias con niños y de defenderlas frente a un medio ambiente que no deja de cuestionar nuestra práctica educativa: ¿cómo se van a desenvolver con la realidad los niños que crecen en un «mundo incólume» o en una isla? ¿Qué sucederá cuando de todas maneras tengan que adaptarse a los requisitos del medio ambiente? Los niños que han crecido como «individualistas», ¿podrán integrarse en la sociedad? Si para ellos todo siempre ha sido fácil y bonito, ¿cómo van a aprender a esforzarse y a hacer cosas incómodas?

Pero no nos ha tocado lidiar sólo con esta clase de dudas. Siempre ha habido padres o visitas que incluso nos han acusado de ser demasiado duros y rígidos y que se han opuesto impetuosamente a los límites y a las reglas que, a lo largo de los años, se han ido cristalizando en nuestro trabajo. Además, en numerosas consultas familiares nos hemos visto obligados a aclarar el sentido y el objeto de los límites desde los puntos de vista más diversos.

Para ello siempre ha sido necesario desligarnos de las justificaciones habituales para los límites y las reglas, por ejemplo, que los niños tienen que aprender en alguna ocasión a adaptarse; que es preciso enseñarles el respeto por otras personas o por la naturaleza. En primer lugar, es importante tomar en consideración que los límites adecuados no cumplen la función de alcanzar determinados objetivos, sino que pueden adquirir sentido en otro nivel. A menudo, tener en cuenta esta posibilidad resulta difícil para aquellos adultos a los que, apenas se habla de límites, sienten cómo se les encoge el corazón al recordar sus propias vivencias infantiles y que se han prometido a sí mismos «hacer todo distinto» con sus propios hijos, y sobre todo no «restringirles» con límites. Es como que los límites les evocan la sensación de un zapato demasiado pequeño que les causa dolor a cada paso, mientras que en nuestro trabajo, los límites sirven para mantener un entorno relajado. Esto para nosotros es tan fundamental porque el desarrollo auténtico sólo es posible en un entorno relajado.

Relacionando los límites con los conceptos de libertad y de desarrollo auténtico, acabaremos por toparnos con la cuestión central: ¿qué condiciones son necesarias para que puedan darse procesos de desarrollo auténticos? Las exigencias del «cumplimiento del currículo público» se trasladan en este caso al «currículo interior», y en lugar de legislaciones externas tendremos que enfrentarnos a regularidades internas. Mientras sea posible eludir las primeras con toda clase de rodeos, las últimas no permitirán que se juegue con ellas. Por eso les tenemos tanto respeto que no reparamos en esfuerzos por defender los procesos de desarrollo de los niños con argumentos tan convincentes como sea posible y, en caso necesario, frente a todas las demás consideraciones.

De esta manera, se imponen las siguientes preguntas: ¿qué son procesos de desarrollo auténticos y qué significa ser guiado desde fuera? Si no nos esforzamos por aclarar estas preguntas, nos resultará difícil estar con los niños de una manera adecuada y a cada paso adoptar decisiones reales que se basen en nuestra percepción concreta de la situación, en lugar de regirnos por recetas aunque suenen muy bien y parezcan muy atractivas. Para nosotros siempre ha sido de gran ayuda reflexionar sobre las regularidades de la maduración biológica, a pesar del riesgo de exponernos a la crítica de aquellos que conceden mayor importancia a una «educación espiritual» o a una «educación para lo social».

A partir de esta decisión de respetar los procesos de desarrollo biológico en nuestro trato con los niños, se deducen distintas reflexiones. Por ejemplo, se nos aclara que las estructuras específicas de cada organismo vivo son las que determinan qué significan para él la *libertad* y qué los limites. De esta manera, el pez puede moverse libremente en el mar gracias a su estructura de pez. El pájaro vuela libremente por el aire, y el caballo galopa libre por el campo abierto. Sin embargo, cada ser vive su propia libertad sólo a través de los instrumentos que realmente tiene a disposición y no es libre en aquellas interacciones para las que carece de las herramientas adecuadas.

¿Qué tiene que ver esta consideración general con el cuidado de los niños? Intentemos observar este principio con paciencia desde distintos puntos de vista. Ahí está, por ejemplo, la pregunta que me planteaba un joven matrimonio sobre si es apropiado «poner límites a un niño de menos de tres años». En realidad, la primera pregunta debería ser la siguiente: «¿Qué límites nos ponemos a nosotros mismos cuando somos responsables de un niño de menos de tres años? ¿Es todo entorno adecuado para que en él pueda libremente utilizar sus instrumentos vitales? ¿Son apropiados para ello un piso lleno de aparatos técnicos, una sala de conferencias, una calle repleta de coches o un centro comercial lleno de gente con prisa?».

Así que no queda más remedio que analizar una vez más el entorno del niño como condición básica para los procesos de desarrollo adecuados. Los niños pequeños se encuentran en pleno desarrollo de sus estructuras biológicas, y este proceso dictado por la naturaleza ha formado sus regularidades interiores en ciclos de la evolución inimaginables que tenían lugar entre los organismos vivos y la naturaleza viva. Sin embargo, el niño humano no sólo depende de un medio ambiente natural, sino también de la atención por parte de los seres humanos que –a la medida de sus propios procesos de desarrollo– identifican y respetan sus necesidades de crecimiento y perciben además la necesidad de un entorno limitado que, no obstante, debe contener los elementos necesarios para el desarrollo.

Resulta fácil ver cómo un entorno no adecuado a las estructuras internas de un organismo limita su libertad. Pensemos, por ejemplo, en un bebé con los músculos aún débiles que es llevado en una postura medio sentada y al que quizás en esta posición su pesada cabecita se le cae de un lado a otro de forma alarmante y que en esta agotadora situación está también expuesto a todos los estímulos sensoriales que lo invaden desde el exterior. Este lactante tendrá que lidiar con esta situación de cualquier manera (los niños no dejan de ser seres vigorosos capaces de manejarse con muchas cosas). Pero comparemos a este bebé con otro niño pequeño que en un entorno tranquilo y protegido, acostado de espaldas sobre una base relativamente firme, va descubriendo muy poco a poco las posibilidades que le brinda su propio cuerpo, con tiempo suficiente para, a su propio ritmo, adaptarse a su medio ambiente. Paulatinamente irá aprendiendo a diferenciar los estímulos que vienen del exterior de los que vienen del interior, qué forma parte de él y qué se encuentra fuera de su cuerpo. Ya en esta temprana edad, un niño así goza de las libertades que corresponden a su propia estructura. Esto significa que puede decidir a qué estímulos desea prestar atención. No será sobrecargado de impresiones, no necesita protegerse continuamente, y desde una posición corporal adecuada para él va alternando, a su propio ritmo, posturas conocidas y desconocidas, cómodas y arriesgadas.

Si observamos con mayor detenimiento, descubrimos a cada paso ejemplos del mismo principio. Un preescolar, en su entorno casero habitual, es quizás inquieto y emprendedor. Pero si entra en casa un extraño, se ocultará tras la madre, se chupará el dedo y no iniciará sus primeros intentos de acercamiento hasta que el recién llegado haya sido auscultado durante el tiempo suficiente.

Digamos que tras un largo viaje en automóvil regresamos cansados a casa después de las vacaciones. En lugar de poder relajarnos, nuestro hijo, que se había entregado agitado y feliz a un gran número de nuevas vivencias, nos exaspera con un comportamiento inexplicable: quizás grita y llora, le da fiebre, no quiere comer lo que hay en la mesa o nos tortura con una verborrea insoportable, quiere dormir en nuestra cama, se niega a ponerse el pijama él solo. Si entendemos que posiblemente había algo en el entorno que no había estado de acuerdo con sus estructuras, y que ahora en su casa, el niño tiene que expresar su malestar, encontraremos seguramente con mayor facilidad el acceso a su estado que si nos quejamos por su «mal comportamiento».

Todo lo que es inadecuado para un bebé o un niño pequeño y lo que perjudica su libertad para arreglárselas con el medio ambiente, en determinadas circunstancias puede corresponder perfectamente a las necesidades de un niño más grande. Con mayor madurez, las estructuras interiores van cambiando y de esta manera abren nuevos horizontes de interacción que por su lado determinan de nuevo las relaciones entre libertad y límites.

Arthur Koestler, en su obra *The Ghost in the Machine*, ha descrito estas correspondencias con las siguientes palabras: «Si volvemos sobre nuestros pasos y vamos bajando por la escala de la jerarquía, entonces la toma de decisiones será asumida primero por rutinas semiautomáticas y después, más abajo, por rutinas completamente automáticas. Con cada nivel inferior, se reducirá la vivencia subjetiva de libertad, y la conciencia se empañará...». Esta imagen puede aplicarse perfectamente al desarrollo de nuestras estructuras neurobiológicas que, si bien no son tan evidentes como el crecimiento exterior, sí son igual de reales. Por consiguiente, el cumplimiento del plan humano interior en este nivel depende de la maduración del cerebro «antiguo» y del cerebro «nuevo».

Por ello, nuestro trabajo con niños está impregnado de la urgencia de que forzosamente los adultos cuidadores deben sin falta reparar en estos procesos internos neurobiológicos durante *todos* los años de crecimiento para que nuestras aspiraciones vayan «con la vida» y no «contra la vida». Cuando nace un niño, su estructura neurológica más interna, el llamado sistema reticular o reptil, ya ha alcanzado un estado de desarrollo suficiente que basta para controlar la supervivencia de su organismo desde dentro. Esto, en el niño humano, como en todos los seres vivos superiores, conlleva sin duda como consecuencia la necesidad de un entorno apto para «animales jóvenes». Si se cumple esta condición, podemos confiar en que este sistema, el más central —y el primero desde el punto de vista de la evolución—, proporciona las mayores posibilidades para sobrevivir, ya que es controlado desde el interior por circuitos cerrados fijos.

En los siete u ocho años posteriores al nacimiento va madurando la siguiente estructura neurológica, el llamado sistema límbico o «mamífero» que también pertenece al «cerebro antiguo» e igualmente está dotado de patrones de comportamiento fijos. Éstos se transfieren a todos los recién nacidos por la memoria de las experiencias de su especie, pero deben activarse poco a poco mediante su interacción personal con el medio ambiente. Los instintos e innumerables acciones inconscientes, pero perfectamente eficientes, emanan del tesoro de estas conexiones interiores que se crearon en tiempos arcaicos y que son activados ahora, siempre que las circunstancias lo permitan o lo requieran. La importancia de estos circuitos cerrados internos que pueden activar procesos complejos mediante señales muy determinadas continúa siendo objeto de investigaciones neurológicas. Los conocimientos que de ello se han extraído se aprovechan para muchos objetivos y se «desvían» para finalidades ajenas, por ejemplo, mediante una publicidad sofisticada que de forma totalmente astuta manipula los deseos y las sensaciones. No podría ser de otra manera, en esta sociedad nuestra con sus prioridades oportunistas y de obtener ganancias.

Estas viejas estructuras acarrean rápidamente una falta de libertad en la vida humana, si todo el desarrollo transcurre de forma *inadecuada*. No en vano, la naturaleza ha recurrido a otra estructura a través de la cual podemos convertirnos potencialmente en *Homo sapiens*:

el llamado «cerebro nuevo» o corteza cerebral que nos da la libertad de aprender de nuestras propias experiencias, a no ser que estemos condicionados o «programados» sistemáticamente desde el exterior. Los viejos sistemas garantizan seguridad, retiro y certeza, pero ninguna posibilidad de aprender por uno mismo o de tomar decisiones. En ellas, todos los circuitos son cerrados, y con ellos los modelos de reacción están ya predeterminados. En cambio, la corteza cerebral nos abre nuevas oportunidades para enfrentarnos con el mundo a otro nivel: en lugar de tener que actuar de forma instintiva o impulsiva, gracias a esta estructura no programada por la especie, podemos detenernos, observar un asunto con distancia y desde distintas perspectivas, hacernos una imagen y un juicio propios de una situación y transmitir toda esta información al corazón para decidir.*

La activación gradual de estos tres sistemas hace que los procesos de desarrollo auténticos, como en todo crecimiento orgánico, tengan lugar desde abajo hacia arriba y desde dentro hacia fuera. En nuestra corteza cerebral se crean poco a poco las conexiones neurológicas a través de experiencias personales. De este modo, siguiendo una graduación interior, se va estructurando la posibilidad de analizar y –junto con el corazón– de comprender. El transcurso de los acontecimientos que llevan a este objetivo dura muchos años. Este proceso, en la etapa de desarrollo biológica, se caracteriza por una intensidad y por una energía original, pero que continúa durante toda una vida.

Los impulsos interiores «no libres» estimulan este actuar incansablemente. Mediante ellos se abre una y otra vez el acceso a la «naturaleza sabia». Un comportamiento al que ponemos la etiqueta de «sentido común», «intuición», «delicadeza» o «tacto» tiene en gran parte su origen en este tesoro, aunque en una persona armónica se encuentra mezclado con la comprensión de las experiencias personales.

De este modo, por ejemplo, las gacelas en libertad son capaces de distinguir si los leones están o no hambrientos, y a partir de ahí decidir huir o continuar pastando tranquilamente a relativamente

---

* Entretanto, se sabe ya que no es el cerebro, sino el corazón, el que cumple esta tarea en nuestro organismo. Véase: LACEY, J. / LACEY, B.: *Conversations between Heart and Brain*; y PEARCE, J. C.: *Der nächste Schritt der Menschheit*.

poca distancia de sus cazadores. Esta capacidad de una percepción tan diferenciada está implantada en su sistema límbico desde el nacimiento. También en nosotros, los humanos, estas formas de comportamiento arcaicas continuamente tienen su influencia en nuestra forma de actuar, pero tenemos la libertad de utilizarlas para los objetivos más diversos, de abandonarnos a ellas o de distanciarnos de ellas. Sin embargo, el acceso a este potencial puede ser inhibido o estrechado de distintas formas, de tal manera que por falta de una confianza básica original dependemos cada vez más de las seguridades culturales. Y aun así, de repente nos asustamos cuando nos vemos sorprendidos por la vehemencia de impulsos inesperados.

En una ocasión, presencié cómo el famoso mimo Samy Molcho hizo una demostración de ciertos procesos inconscientes que proceden de nuestra «programación interior». Por ejemplo, se puso de pie al lado de un hombre sentado, conversó animado con él y, como por casualidad, dejó caer una moneda en su regazo. El hombre abrió rápidamente la mano y atrapó la moneda al vuelo. A la pregunta de si lo había hecho conscientemente, el hombre contestó con un claro «no». Unos minutos después, se repitió la misma escena. Y otra vez, el mismo hombre volvió a abrir la mano y dijo enseguida que no lo había hecho de forma consciente. Sencillamente había pasado y le resultaba completamente incomprensible. Este «truco» volvió a funcionar una tercera vez, aunque, en esta ocasión, el hombre tuvo especial cuidado y en el fondo quería impedirlo. Evidentemente se trataba de un programa interior automático que obliga al organismo a atrapar con prontitud lo que venga de arriba.

Esta digresión en la complejidad de nuestras estructuras internas puede que nos dé una idea de lo valioso, y al mismo tiempo de lo delicado, que es el equilibrio entre los sistemas neurológicos viejos y nuevos y qué importancia debe tener en el proceso de desarrollo de los niños. Todo movimiento autónomo y toda percepción de los sentidos que proceda de la necesidad auténtica del organismo en crecimiento significa por tanto un ejercicio de decisión y no es manipulado, estimulado, motivado, promovido ni dirigido desde el exterior, se guarda y se interconecta con las correspondientes partes del cerebro y así permite la madurez de un juicio personal sobre la naturaleza del mundo. Si por el contrario, de repente alzamos a un niño que se está esforzando por subirse a una silla, este niño aprenderá lo siguiente: en cuanto intente algo, mi problema será solucionado desde el exterior. Puede que la próxima vez que quiera subirse a la silla sólo levante un bracito. Con el tiempo, incluso este movimiento puede resultarle demasiado esfuerzo e intentará conseguir su objetivo con gritos o lloriqueos.

Innumerables sucesos de la vida diaria a los que apenas les damos importancia para un niño pequeño se convierten de este modo en vivencias concretas y crean en su proceso de desarrollo neurológico la red interior en la que capta el mundo en la forma como lo vive. Cada esfuerzo personal, aunque ante nuestros ojos parezca insignificante, mueve los límites de aquello que es posible o imposible para su organismo y le abre nuevas percepciones y acciones. Y al revés, toda acción que es dirigida desde el exterior, fortalece en el niño la sensación de que está determinado desde el exterior. Esto es más grave de lo que puede parecer a primera vista, pues la dependencia incondicional de la atención y del amor de otras personas, por tanto, la necesidad social básica del ser humano, pertenece a nuestra estructura interior, cuyo desarrollo armónico debe activarse mediante vivencias concretas. Si se satisface esta necesidad de tal manera que el niño experimente la atención mediante la dirección, la guía y la solución de los problemas desde el exterior, poco a poco irá transformando su dependencia de amor de las otras personas en una falta de autonomía personal y en una dependencia básica de soluciones exteriores.

El afán interior de desarrollo se somete a regularidades fijas. Respetar a un niño significa tener en cuenta estas regularidades cuando preparamos el entorno protegido para el organismo joven. Al mismo tiempo exige que nos cuidemos, mediante nuestras expectativas (y nuestros sueños), de trasladar el control desde el interior hacia el exterior, y de este modo dificultar o sepultar el acceso a los «viejos sistemas». Pero como el organismo humano, junto con la variedad de todos los programas arcaicos que ha engendrado la evolución, se encuentra de camino hacia una meta desconocida, el trato respetuoso con una persona resulta desde muy temprano inconcebiblemente complejo. Todo acto instintivo que recibe sus impulsos desde las viejas estructuras es transformado por medio de una actividad lúdica. Y un niño, si se siente aceptado y a salvo, utilizará por sí mismo la mínima oportunidad para experimentar con ellos. Siempre que sigamos con atención los procesos de desarrollo de los niños, nos sorprenderá su disposición de abandonar viejas seguridades para dar el siguiente paso. Pero éste paso siguiente representa siempre una aventura, y sus resultados son inesperados y en modo alguno seguros. De aquí surge un tesoro completamente nuevo de experiencias inesperadas que se registran todas en el «cerebro nuevo» y que se interconectan para así llegar a una comprensión cada vez más rica de la realidad.

Esta manera de vivir con creatividad está estrechamente relacionada con la vivencia de libertad y de alegría de vivir. Sin embargo, la creatividad se da en el límite entre caos y orden. Por tanto, no es de extrañar que los niños escandalicen a los adultos, cuyas estructuras y órdenes fijos ellos cuestionan a cada paso e incluso para los pedagogos reformistas más osados encierran complicados acertijos. Si no tenemos ninguna comprensión acerca de la importancia que tienen los límites en la maduración humana, sólo quedan dos opciones: o se vuelve a los viejos métodos que mendigan obediencia, o la vida con los niños se convierte en un estrés insoportable. Esto significa que nos tenemos que exponer a una contradicción aparente: por un lado, el ser humano se desarrolla y llega a realizarse siguiendo su «impulso interior» de interacción libre y creativa con el mundo, y no repara en esfuerzos por tocar todo, por explorar todo, por imitar todo lo que ve y por variarlo inmediatamente después, crear orden del desorden y de éste, a su vez, un orden propio. Por otro lado, en toda esta agitación, debe toparse a la fuerza con límites: con los límites naturales de su propio cuerpo y de la condición física del mundo. Pero también con límites sociales: lo que se puede esperar que toleran a otras personas, lo que son las costumbres y lo que concuerda o no concuerda con cada circunstancia.

Un pequeño investigador regresa a casa después de trabajar en un maravilloso charco de barro. Aquí le espera otro mundo: hay muebles tapizados y una alfombra, y el pequeño cerdito vive un límite social. Tiene que dejar en la puerta la ropa y los zapatos que chorrean de barro; con cuidado de no dejar rastros, tiene que recorrer su camino hasta el baño y primero limpiarse a fondo. ¿Una vivencia negativa que le ha dado a entender que así, tal como está, no es bienvenido? Dependerá de cómo se le ha puesto el límite, si con el ceño fruncido y con regaños, con señales de rechazo y de asco, con advertencias y numerosas aclaraciones adultas, o en cambio de una forma adecuada, es decir, con señales de aceptación, de alegría por la feliz vivencia del niño, pero, al mismo tiempo, con presencia personal, con ayuda amable y respetuosa para desnudarse y para acompañarle cariñosamente al baño. Puedo imaginarme que en el segundo caso, la transición al mundo casero ordenado se convierte en una experiencia importante que conducirá a nuevas actividades animadas en el baño.

Este tipo de situaciones de límites en la vida cotidiana con los niños se nos presenta con numerosas variantes. Sobre todo en la convivencia con niños pequeños, inclusive en un hogar adecuado para ellos, una y otra vez, hay suficientes ocasiones en las cuales tenemos que decir no: «No te dejo utilizar el batidor», «Las cenizas de la chimenea no son para manchar el piso», «No metas el dedo en el ojo del bebé». Se presentan innumerables ocasiones, no para «educar» al niño, sino para prestarle una atención auténtica, para estar con él, para que cuando viva estos límites no le transmitamos la sensación de que está siendo rechazado o abandonado. Para nosotros, los adultos, ahora viene un paso peliagudo y es el de no anticiparnos a lo que el niño podría hacer de otra manera cuando algo no le está permitido. Pues de este modo impediríamos la vivencia real del límite y el proceso importante en que el propio niño debería adoptar un nuevo punto de vista: en esta dirección no puedo seguir. ¿Qué otras posibilidades se me abren para que pueda continuar viviendo, pueda seguir activo y pueda abordar esta situación desde una nueva perspectiva?

Ya en el proceso de desarrollo de los niños muy pequeños, tanto los límites físicos como los sociales cumplen precisamente esta función: si un niño, al seguir de forma instintiva un fuerte impulso de desarrollo interior, se topa con circunstancias que ponen un límite a su actividad espontánea, entonces se verá obligado —y no pocas veces con dolor— a sentirse primero a sí mismo, a aclarar su posición y a tomar distancia, para luego volver a orientarse. Cuando este proceso va acompañado de forma adecuada, se desarrollará con un enfrentamiento complejo entre la impetuosidad interior y las realidades exteriores. Suponiendo que el entorno sea relativamente rico en alternativas ofrecerá al niño en período de crecimiento la posibilidad de tomar decisiones a un nivel superior de su conciencia y extraer nuevas conclusiones sobre las cualidades y categorías de la realidad. Efectivamente, los niños que carecen de este desarrollo orgánico nos dan evidencia con su comportamiento de que no están bien, de que claramente les falta algo. Es posible que estén tristes, que se muestren ligeramente agresivos, que en conflictos con otros se sientan enseguida atacados y que sean incapaces de considerar que otros puntos de vista sean tan válidos como los suyos.

Los niños, al igual que los adultos, tienen que pasar en su vida una y otra vez por etapas que implican cambios. Quizás se trate de cambios en las circunstancias exteriores, pero incluso cuando el entorno parezca de lo más estable, todos estamos sometidos a una transformación interior que puede sentirse como crisis y como un callejón estrecho, o como una reestructuración y abertura hacia un nuevo estado. Estas épocas de transición las advertimos con mayor claridad en niños de unos dos años, luego de nuevo al entrar en la fase operativa y de forma especialmente impactante en la pubertad. Cada vez que concluye una fase, se deja atrás algo viejo, aunque lo nuevo aún no sea del todo perceptible. Esto implica siempre turbación, inseguridad, pero también una búsqueda que según las circunstancias puede persistir durante años. En comparación con tales períodos especiales de despedida y de incertidumbre, las dificultades que se producen a partir de las vivencias límite diarias son más bien un «juego de niños». Pero cuando ya los niños pequeños pueden experimentar una y otra vez que los límites no son «el final», sino que se trata de momentos de transición hacia algo nuevo, entonces crece en ellos una fuerza y la comprensión de sus propias posibilidades. Sin embargo, este tipo de familiaridad con la reorientación interior hacia nuevas perspectivas sólo es posible cuando de niños continuamente tenían la posibilidad para encarrilarse ellos mismos en algo nuevo sin que las soluciones fueran desde el exterior.

La mayoría de las así llamadas «reglas de la casa» del Pesta, en cierto modo, tienen algo que ver con los límites frente a acciones impulsivas y sus repercusiones en el entorno. Éste es un tema delicado, pues nos hemos puesto como objetivo respetar las actividades espontáneas de los niños. No obstante, se disuelve la contradicción, puesto que todo el mundo puede decidir libremente en qué área desea permanecer, teniendo cada lugar sus propias reglas: fuera puede hacerse tanto ruido y se puede saltar tanto como se desee, siempre y cuando no se atropelle a los demás. En el interior hay zonas más tranquilas con distintas graduaciones. Quien entra a galope y hace ruido dentro, sentirá el límite y tendrá que decidir si dentro quiere dedicarse a actividades tranquilas o hacer ruido fuera. Algunas zonas interiores están organizadas para realizar ocupaciones artísticas o manuales. Aquí hay escobas, fregonas y bayetas con las que cada uno puede recoger su propio desorden. Otras zonas disponen de numerosos objetos con los que se puede jugar con creatividad. Pero si alguien se niega a colocar de nuevo las cosas en su sitio, no se le permite la entrada durante uno o varios días. Los niños y los adolescentes tienen libertad para elegir en qué actividades de grupo desean participar. Cada grupo se pone de acuerdo en las condiciones en las que quiere trabajar. Una de estas condiciones elaboradas por todos los participantes es: quien infringe reiteradas veces estas normas que ellos mismos establecen será expulsado del grupo.

En un entorno ricamente preparado con la posibilidad de todo tipo de actividades espontáneas, cada uno se vive a sí mismo como individuo a la vez que como parte de una comunidad, pero una comunidad que respeta las necesidades auténticas y no exige a priori la adaptación del individuo a los «otros». Creemos que en tales circunstancias pueden tener lugar procesos de desarrollo auténticos, pero incluso puede ocurrir que los niños se estanquen en sus procesos de desarrollo.

Por ejemplo, están los que se pegan a los adultos de tal manera que apenas tienen oportunidad de dedicarse a las más variadas empresas que les permitan descubrir los límites de sus actividades espontáneas.

Hay niños que apenas perciben situaciones concretas, que a duras penas saben orientarse con su propio cuerpo y con las cosas que manejan. Por ejemplo, un niño de nueve años de nuestra primaria que en contra de nuestras reglas quiere jugar con la pelota dentro de la casa, afirma con respecto al límite: «Pero si yo no he jugado». Poco después, vuelve a hacerlo sin darse cuenta de ello, hasta que al final se le quita el balón. Su cazadora, sus guantes de fútbol y su gorra se hallan dispersos por el suelo y vive en la creencia de que los responsables son otros, no él. Como él hay algunos que en sus juegos libres lastiman a otros y siguen asegurando que no han sido ellos quienes lo han hecho. O esos niños a los que se les cae algo de la mano sin que se den cuenta de ello y no entienden en absoluto por qué deberían volver a levantarlo.

Por tanto, la vivencia de límites está relacionada con el problema de si los niños se perciben en su entorno de tal manera que no sólo puedan orientarse, sino también asumir la responsabilidad de sí mismos y de aquello que han causado. En nuestra situación, en la que los niños no están condicionados por un horario, el hecho de que deban responder de sí mismos se convierte en la base fundamental. Esto quiere decir que también se sientan responsables de su propio proceso de aprendizaje, que afronten dificultades, que superen los obstáculos que también son una forma de límite, y que perciban las ofertas del entorno preparado, gracias al cual pueden siempre de nuevo estructurar su comprensión de la realidad. Los niños que aprenden a tratar con los límites se enfrentan solícitos a los retos de la fase operativa de desarrollo y pueden realizar las transiciones al pensamiento abstracto sin dejar de estar con los pies en el suelo.

Los niños que sufren de falta de experiencias en el enfrentamiento entre el propio organismo y un entorno adecuado luchan contra los límites que para ellos son obligatorios con todos los medios a su alcance. En una ocasión, admitimos a un niño de ocho años porque aparentemente su infancia había sido una cadena de adversidades y queríamos darle al menos una oportunidad para un nuevo comienzo. Para él, los límites eran equivalentes a «circunstancias inadecuadas», es decir, sinónimo de «el enemigo de ahí fuera». Como ya hemos mencionado, tenemos una valla simbólica entre el recinto del jardín de infancia y el de primaria. Y esta valla se considera como límite fijo, lo que significa que todo aquel que desee pasar de un área a otra debe utilizar las entradas previstas a tal efecto. Pero a nuestro jovencito nuevo le resultaba más fácil saltar la valla de un brinco. Cada vez que lo hacía se encontraba con un adulto que le informaba sobre las reglas de la casa. Pero ¿de qué servía? Con la mirada más cándida del mundo, el chico afirmaba en cada ocasión: «Pero si yo no he saltado».

Por otro lado, una niña de nueve años, cada vez que infringía los límites se inventaba un tremendo repertorio de argumentos, en apariencia lógicos, que vertía a cualquiera que se atreviera a recordarle una regla, por lo que sólo los más estoicos de nosotros lográbamos perseverar en un límite. Pero lo peor de todo es cuando un niño baja la cabeza en cuanto se menciona un límite, esconde el rabo entre las piernas y dice que sí a todo, para después, en cuanto uno se da la vuelta, volver a hacer lo que no está permitido. No importa la forma como se presenta la resistencia a los límites. Vemos con claridad que los niños que se comportan así se quedan como «estancados», que su desarrollo no avanza, ni en el ámbito emocional ni en el social y cognitivo. En ocasiones, hemos visto que sólo han probado nuevas vías de interacción tras una enfermedad grave o tras vivir un acontecimiento doloroso.

Cuando los niños tienen problemas con los límites y con las reglas, viven aparentemente en un estado de inseguridad personal. Sus actos no tienen ni un principio ni un final claros, y su capacidad de decisión es limitada. En este estado, no tienen una buena relación ni consigo mismos. Cuando están solos, no encuentran ninguna actividad satisfactoria que hacer y a menudo se aburren. Siempre que es posible, se unen a un grupo. Varios de estos indecisos crean a menudo un tipo de pandilla que sigue a un líder o que «decide» sus actos según el lema «Todos para uno y uno para todos» y los llevan a cabo conjuntamente. En un grupo así, el individuo se siente fuerte y dispuesto a muchas cosas por las que no asume ninguna responsabilidad personal. En no pocas ocasiones, los miembros de este tipo de grupos encuentran diversión en enfadarse o en herirse unos a otros. Pero si alguien que no pertenece al grupo se atreve a llamar la atención a este hecho, se «cubrirán» mutuamente y mostrarán una sorprendente solidaridad dentro de su propia falta de respeto.

Con el paso del tiempo se hace patente que los procesos de desarrollo de tales «pandilleros» se estancan. Esto no sorprende en absoluto, pues la amistad y la cooperación *sólo* pueden florecer cuando cada individuo se encuentra «consigo mismo», cuando siente bajo sus pies su propio camino y tiene libertad para recorrer tramos de él solo o acompañado. Pero cuando no se produce una interacción realmente individual de cada uno con su entorno, y no existen límites firmes entre el exterior y el interior, tampoco se da un proceso de aprendizaje auténtico. Si personalmente me decido a hacer algo, viviré claramente las consecuencias de mi acto y aprenderé de ellas. Si como individuo me embarco en algo, me daré cuenta en qué momento es aconsejable tomar distancia. De esta forma comenzaré a distinguir en qué medida persevero en lo propio, y cuándo debo tomar en consideración a los demás. Además, estaré practicando para aceptar la alegría y el dolor, para sentirme a mí mismo y para ser crítico sin condenarme ni a mí mismo ni a los demás.

Intentamos medir constantemente el pulso y prestar atención para ver si los niños se enfrentan a su fase real de desarrollo o si la rehúyen, si se encuentran en una fase pasajera de reestructuración o en un callejón sin salida. Entonces nos percatamos de cuando los niños son demasiado cómodos para abandonar su fase de bebés, y de cuando huyen de su actual fase hacia la siguiente o hacia la posterior a ésta y prueban su suerte como precoces o pequeños genios. Un niño que no quiere solucionar problemas por sí mismo, que evita todas las dificultades y esfuerzos, que lo olvida todo y que aparentemente no entiende nada, necesita nuestra atención especial, pero en el sentido que nosotros solucionemos todo lo que espera de nosotros.

Niños que quizás son rápidos con la mente, pero que son incapaces de realizar una acción concreta, o niños que mienten permanentemente tanto a sí mismos como a otros, necesitan también otro tipo de límites. Por ejemplo, un niño de cinco años tenía una falta total de coordinación con su cuerpo, era incapaz de percibir lo que pasaba delante de sus narices y huía de toda interacción con otros niños. En cambio, pasaba largas horas del día leyendo libros que estaban muy por encima de su estado de desarrollo. Nos pusimos de acuerdo con sus padres en limitar su tiempo de lectura a una hora al día y de sobrellevar la furia y la desesperación que siguieron a este límite. Sin embargo, resulta aún más difícil cuando los niños no sólo se esconden tras los libros, sino que concentran su interacción con el medio ambiente en el ordenador y en la televisión. Los procesos de desarrollo humanos tienen lugar —muy especialmente durante la etapa de desarrollo biológica— en el encuentro con la naturaleza y con otras personas. Como refleja Jerry Mander en *In the Absence of the Sacred*, las personas modernas corren el riesgo de adentrarse en un mundo artificial con sus máquinas y en él convertirse ellos mismos en un producto artificial, por tanto, desarrollarse en un tipo de consanguinidad entre el ser humano y sus propias invenciones. Con ello, cada vez más personas se separan de las fuerzas de la naturaleza que podrían renovar y abrir hacia dentro y hacia fuera. En el Pesta, nos atrevemos a ponerles límites a este tipo de seudointeracciones.

Dado que los niños aún se encuentran cerca de las fuerzas de crecimiento de la naturaleza –independientemente de lo inadecuado o indeseable que pueda ser su comportamiento–, podemos partir de la base de que ellos dan la «mejor» respuesta a su entorno. Puede que ésta no sea la mejor respuesta para su desarrollo, pero sí para su supervivencia en un medio ambiente que no ha establecido ninguna prioridad para el desarrollo auténtico de los niños. Al menos durante las pocas horas del día en las que los niños pasan en nuestro entorno preparado, intentamos ofrecer un marco a los «niños perdidos» que una y otra vez les permita vivencias límite. Se trata inicialmente de cosas muy prácticas.

Muchos niños tienen desordenados sus propios efectos personales y los objetos de la escuela. Corren por ahí con los cordones de los zapatos desatados y parece que ni siquiera se dan cuenta de cómo se tropiezan por ello. Cuando desenvuelven su bocadillo, el envoltorio que se les cae al suelo se lo lleva el viento. El yogur gotea sobre la mesa, y el niño se enfada porque las moscas se posan en ella. Apenas entran en la cocina de la escuela, sólo unos minutos después, esta zona se convierte en un auténtico campo de batalla. Si emplean utensilios, los dejan tirados en cualquier lugar; dejan los recipientes de pinturas abiertos después de usarlos; no lavan los pinceles y cuando se les cae de la mano algún tipo de material didáctico, si pueden, lo esconden con el pie debajo de la mesa. En su encuentro con el medio ambiente les falta el «piloto» seguro que –a partir del caos de las actividades espontáneas– desde dentro crea un orden. Por tanto, se necesita una ración extra de presencia y de atención para poder estar en todos estos pequeños acontecimientos justo cuando un niño de este tipo deja tras de sí su caos y levanta el vuelo para dirigirse hacia su próxima actividad espontánea.

Si nos hemos perdido este momento crítico, nos cuesta un esfuerzo extra superar la tentación de ordenarlo todo nosotros mismos. Más bien ahora se trata de ir a buscar al niño al campo de deportes y de ser portadores de la siguiente mala noticia: «Has dejado la sierra en el banco de trabajo. Ahora no te permito jugar al balón hasta que no la hayas puesto en su sitio». O nos ponemos delante de un niño con los cordones de los zapatos desatados, nos agachamos y le preguntamos: «¿Quieres que te ate el zapato, o prefieres hacerlo tú mismo?». Cada día se producen innumerables oportunidades para estar totalmente presentes, para buscar tanto la actitud, como las escasas palabras adecuadas para poner límites en todas estas circunstancias, aparentemente insignificantes, de tal forma que tengan un sentido como indicadores del respeto no sólo por el niño, sino también por las circunstancias. Y si hemos realizado este esfuerzo con un niño durante un período de tiempo más o menos largo, nos daremos cuenta de que poco a poco va adquiriendo otra relación, tanto consigo mismo, como con su entorno. Al principio, se sentirá algo extrañado: «Pero ¿qué quiere ésa de mí?». A partir de esta incomprensión, irá creciendo, poco a poco, un reconocimiento. Me acerco al niño en la «forma típica de poner límites», y el niño intentará de alguna forma recordar: «¿Se trata quizás de los cordones de mis zapatos? ¿Qué ha sido lo último que he hecho? ¿He ordenado los bloques de construcción?». A continuación, el niño me verá llegar, se llevará sonriendo las manos a la cabeza y él solo irá a arreglar su último desorden hasta que poco a poco vaya advirtiendo directamente la relación entre sus actos y las consecuencias que de ellos se derivan, y de esta forma se vaya haciendo responsable de su hacer «como por sí solo». Esta percepción es la condición para que en la fase operativa y gracias a muchas experiencias concretas pueda estructurar su pensamiento lógico de «causa y efecto» y con todas las relaciones cada vez más complejas entre las cosas y los acontecimientos.

En el caso de «pandilleros» que habitualmente aparecen como un colectivo se hace necesario definir los límites entre los niños una y otra vez. Por ejemplo, en sus juegos, a veces se incitan mutuamente a atreverse a hacer cosas que ellos no harían por sí solos, por ejemplo, saltar desde una determinada altura que supere su capacidad. Entonces les anunciamos con mucha firmeza: «Aquí cada uno decide la altura desde la que desea saltar». Si en sus juegos se molestan mutuamente y la «víctima» no protesta por miedo a la desaprobación del grupo, entonces intervenimos y confirmamos la regla de casa:

«Aquí no permitimos que os hagáis daño unos a otros ni que os insultéis». Y cuando el grupo entero irrumpe en una zona en la que está prevista la interacción personal con los materiales, no permitimos que unos se entrometan en la actividad de los otros. Por ejemplo, cuando desean hacer un experimento en el laboratorio, se aplica la siguiente norma: «No más de dos personas en un lugar de trabajo». En la cocina no se permite cocinar a más de cuatro personas, y en los sectores de matemáticas o de idioma exigimos a estos niños que cada uno haga un trabajo individual con un material aparte y con sus propios planteamientos de cuestiones o tareas.

Esto puede llegar tan lejos que restrinjamos la «libertad» de los niños que en la edad operativa evaden continuamente su propio proceso de desarrollo. Un tutor que asume la responsabilidad especial de un niño que sufre este tipo de daño, se dirige directamente a él y le pregunta, por ejemplo: «He notado que nunca haces un trabajo individual. Aquí cada uno debe asumir su propia responsabilidad. ¿Quieres organizarte tú mismo o prefieres que te lo recuerde todos los días?». En la mayoría de los casos, los niños insisten en destinar cada día de forma autónoma un tiempo a una actividad personal. Puede que durante una o dos semanas nos fijemos en si realmente lo hacen. Si no funciona, limitamos algo la alternativa: «Puedes elegir si prefieres hacer una actividad para ti mismo durante la primera mitad de la mañana o durante la segunda». Normalmente, este planteamiento lleva a que el mismo niño determine una hora para buscar una actividad individual. Hay casos excepcionales de niños que no cumplen su palabra, entonces nosotros les limitamos un poco más: «He notado que no cumples lo que dices. No te organizas tú mismo, ahora seré yo quien lo haga por ti. Voy a decirte a qué hora te toca hacer algo para ti solo». De esta forma, el niño experimenta poco a poco que perderá libertad si no asume ninguna responsabilidad. Lo importante es que pueda seguir eligiendo su actividad entre una enorme oferta de materiales y que —al trabajar una y otra vez con materiales adecuados a su etapa de desarrollo— comience a experimentar una sensación de satisfacción y de bienestar. En la mayoría de los casos, los niños viven poco a poco suficiente placer en su actividad individual como para que los límites estrechos se vuelvan innecesarios. Comienzan a valorar el trabajo individual y poco a poco encuentran su propio equilibrio entre el juego, las actividades prácticas y el trato con los materiales más diversos que les permitan estructurar su comprensión del mundo y desarrollar paso a paso transiciones entre lo concreto y lo abstracto. A menudo, adultos que se embarcan con métodos de interacción espontánea, tarde o temprano, acabarán sintiéndose inseguros. Pues niños que vienen de la atmósfera «normal» de directividad y de un entorno inadecuado traen sus dificultades también al entorno preparado de la mejor forma. Ante esta alternativa, alguna escuelas libres eligen un término medio: la mitad del tiempo ofrecen estructuras de clases, quizás incluso «trabajo libre» (es decir, que los niños tienen que hacer algo didáctico durante un período de tiempo previamente establecido) y el resto del tiempo es realmente libre. Lamentablemente, esta solución mide a todos los niños por el mismo rasero. Los que realmente son espontáneos y creativos se ven limitados en su propia organización; las experiencias de actividades tranquilas e intensas se vuelven difusas; se les arrebata la decisión «ahora quiero hacer algo por mí» y se obstaculiza la diferenciación en la asistencia a los niños llamados «difíciles».

Cuando los niños tienen libertad para satisfacer sus auténticas necesidades de desarrollo en un entorno cuidadosamente preparado, y al mismo tiempo se les acompaña con límites necesarios, irán con gusto a la escuela y se quejarán de los fines de semana y de las vacaciones. Sólo en tales circunstancias es posible comprender que una consecuencia última y dolorosa de un permanente desacato de las reglas de la casa puede consistir en *no* permitir que el niño vaya al Pesta durante uno o varios días. Esto puede suceder unas dos o tres veces al año (de un total de ciento cincuenta niños en esta edad) entre los niños más grandes de primaria e incluso, con menor frecuencia, entre los adolescentes. Pero antes de llegar a este punto han experimentado consecuencias menos extremas, por ejemplo, que alguien que no respeta a otra persona en la cancha de juego no pueda jugar en ella durante cierto tiempo, o alguien que corre dentro de la zona interior no pueda entrar en ella durante el resto del día. Si alguien se ha apuntado voluntariamente a un grupo de trabajo y no aparece en tres ocasiones, aunque sí ha ido a la escuela, quedará excluido del grupo durante el resto del año, y quien moleste en el grupo de trabajo será expulsado por los otros participantes. Existe una larga serie de experiencias posibles antes de semejante «estallo», y que el niño o el adolescente deban quedarse en casa durante uno o varios días. Como este tipo de consecuencias de límites no respetados afecta también directamente a la relación entre la escuela y la casa de los padres, en el último capítulo de este libro volveré a tratar este tema.

Ahora me gustaría mencionar un ámbito que se discute una y otra vez en las charlas con nuestros colaboradores. Se trata de nuestro trabajo con niños discapacitados o que adolecen de otro tipo de «problemas». Las disputas más intensas con respecto a este tema las tuvimos en los años en que una de nuestras colaboradoras tuvo una hija discapacitada, primero en el jardín de infancia y luego en la escuela. Le resultaba prácticamente imposible mantener las mismas reglas de la casa que se aplicaban para todos los demás cuando se trataba de su hija discapacitada. Protestaba vehementemente cuando un compañero suyo ponía límites a niños discapacitados en las cosas más básicas. Argumentaba: «Los pobres ya sufren suficiente. Estoy en contra de que les causemos más dolor poniéndoles límites». Prefería que Diego, un niño discapacitado de seis años, hiciera pis en el suelo sobre los muebles o los materiales, y tenía también grandes problemas para poner límites cuando Paul, un niño de cinco años al que se le había intervenido quirúrgicamente, quería pegar a otros niños para averiguar cómo reaccionaban ante el dolor.

La mayoría de los colegas defendían el punto de vista de que los límites pueden ser dolorosos, pero que ofrecen seguridad y la oportunidad de no directividad, y que los niños, precisamente en las situaciones límite desagradables, podían tomar contacto con sus viejos dolores y asimilar y llorar con la compañía adecuada. Nunca pudimos llegar a un acuerdo real con la madre de Diego. Pero las diferencias nos obligaban a reflexionar sobre ello una y otra vez, y nos daban indicaciones más puntuales de los procesos de desarrollo de los niños con necesidades especiales. Pues si los límites forman parte de la vida humana, y nos hacemos responsables de que los niños discapacitados son igual de humanos que los «normales», los límites necesarios y adecuados serán importantes en un entorno preparado también para su proceso de desarrollo. Aunque estos niños tal vez satisfagan su potencial de una manera distinta de lo que habitualmente se espera, a lo largo de los años no nos ha quedado ninguna duda de que encontrarán mejor su camino personal si en su entorno pueden orientarse dentro de unos límites claros, superar obstáculos y ser capaces de vencer obstáculos a su manera y encontrar sus propias soluciones a los problemas.

LÍMITES PARA ADULTOS

Muchos padres que envían a sus hijos al Pesta en lugar de a una «escuela de verdad» lo hacen normalmente con la intención de darles más libertad y alegría de vivir de la que ellos mismos han tenido. Sin embargo, cómo realmente se desarrollan los niños en libertad y cómo se llevan a la práctica sus procesos de aprendizaje son una y otra vez el tema central de las reuniones de padres, pues los miedos al futuro y la necesidad de encontrar argumentos para una educación libre son partes inevitables de una escuela en la que «no se enseña nada a los niños». Más tarde o más temprano, en este proceso, la mayoría de los adultos cae en la cuenta de que esta nueva experiencia que ellos han elegido para sus hijos va mucho más allá y es más profunda de lo que al principio habían creído. Pues si para trabajar con niños nos basamos en el respeto por los procesos vitales, también los padres son necesariamente incluidos en estos procesos.

Cuando observamos las relaciones entre adultos y niños, llegamos a la definición de que el comportamiento de los niños es *siempre* su mejor respuesta al entorno en el que están creciendo. Las experiencias más fundamentales proceden del entorno de su hogar, aun cuando los niños pasen parte del día en un entorno preparado para sus necesidades específicas. Es por tanto imprescindible intentar incluir a los padres en el proceso que se produce de la alternancia entre libertad y límites, pues la dependencia de los niños de sus padres relativiza de una forma elemental su aspiración de libertad. En este marco, la relación recíproca entre libertad y responsabilidad adquiere su importancia en un sinfín de cosas pequeñas y de situaciones insignificantes. Esto pone a los adultos en condiciones de redefinir libertad y límites a cada momento, en cada situación y en concordancia con la etapa de desarrollo.

Este marco necesario se amplía perceptiblemente cuando los niños se convierten en adolescentes. La fuerza que mueve todo su hacer o no hacer surge ahora de la siguiente cuestión: «¿Quién soy yo en este mundo?». El afán de actuar sobre cosas y de influir en situaciones para averiguar cómo es el mundo y qué regularidades lo definen se vuelca cada vez más hacia dentro: «¿Cuáles son los ingredientes de mi ser y quién soy yo en realidad?». Por ello, continuamente hablamos sobre cómo puede acompañarse de forma adecuada a los jóvenes durante esta época, qué límites se aplican ahora y de qué manera pueden ponerse. Cómo puede ser ahora la libertad, cómo podemos atender a los chicos y a las chicas sin que se convierta en una tortura para ambas partes. Qué responsabilidad seguimos teniendo los adultos ahora para con los adolescentes y cómo podemos asumirla sin impedir el proceso de desprendernos de ellos y sin suscitar resistencia.

En los jóvenes, el entorno casero va perdiendo relevancia paulatinamente, y poco a poco van aumentando las influencias que vienen de los ambientes exteriores. Las relaciones con personas de fuera de la familia adquieren cada vez mayor importancia. Por ello, las actitudes y el comportamiento de los adolescentes ya no son necesariamente «su mejor respuesta a sus circunstancias caseras», sino que, en su creciente capacidad de autorreflexión, recae en ellos progresivamente la responsabilidad de decisión: «Pero ¿quién quiero ser yo? ¿Soy simplemente una víctima de mi entorno o me corresponde a mí hacer de mí mismo lo que quiero ser? ¿Con quién quiero estar en contacto y qué compañía quiero evitar?». En un entorno de libertad crece en esta nueva fase un fuerte sentimiento de responsabilidad propia. Algunos de nuestros adolescentes están tan compenetrados y abrumados por esta responsabilidad que buscan casi cada día conversaciones con adultos para poder bregar con ella.

Pero no sólo se dedican a hablar sobre sí mismos. También quieren conocer nuestras experiencias personales y nuestras concepciones del mundo. Hace poco, un matrimonio me contó que su hijo de diecisiete años les había sacado de la cama con esta imperiosa pregunta: «Pero ¿qué estáis haciendo con vuestra vida? Ya habéis criado a tres hijos. ¿Qué os queda por hacer? ¿Hacéis algo por vosotros mismos? ¿Qué esperáis de la vida?». Los padres se sintieron tan avasallados por este estallido adolescente que mostraba la búsqueda de un sentido con tanta claridad que en la última reunión de padres declararon que su hijo ahora se había convertido en su padre.

En muchas charlas con adultos nos llama la atención el hecho de que aparentemente sólo unos pocos de ellos pudieron dedicarse en su juventud con tanta intensidad a la pregunta «¿quién soy yo en este mundo?» y contar para ello con la franqueza y con la sinceridad de los adultos más cercanos a ellos. Pues normalmente, en esta etapa crítica el deseo más importante de los progenitores mayores es que los jóvenes encuentren su lugar en la sociedad y que no pierdan sus oportunidades. Según los resultados de una encuesta realizada en Alemania, el cincuenta por ciento de los jóvenes entrevistados de veinticinco años eran conscientes de seguir por un camino profesional. Aunque realmente no lo veían como el más adecuado para ellos, sin embargo, afirmaban no poder ya cambiar de rumbo.

A menudo hablamos con adultos que se sienten restringidos en su libertad, no sólo por su trabajo, sino también por las presiones de la responsabilidad por sus propios hijos o por los hijos de otros. Una madre que había esperado su primer hijo cuando ella misma aún estaba estudiando en la escuela, cuando tenía veintiocho años abandonó a su familia para por fin satisfacer sus propias necesidades. Otro matrimonio, por motivos religiosos, había traído al mundo a cinco hijos. Después de haber sido testigos de cómo sus dos hijos mayores habían pasado toda una mañana disfrutando del juego libre en el Pesta, preguntaron en un ataque de desesperación: «¿Toda esta libertad sólo es posible para los niños? ¿Por qué nosotros, los adultos, sólo tenemos ahora responsabilidades? ¿Cómo podemos encontrar para nosotros una medida justa de libertad?».

Después de todos los años de una educación que impone a los niños limitaciones y obligaciones para que ellos «de adultos tengan una vida mejor» supone seguramente una gran decepción tener que aplazar esta esperanza hasta la jubilación o hasta que los hijos se vayan de casa. Por tanto, no es de extrañar que a veces hay personas que quisieran recuperar su infancia o su juventud en una época en la que su etapa de vida actual requeriría hacer algo por su entorno que tenga un real sentido. O que cojan por los pelos toda oportunidad para liberarse de sus responsabilidades, al menos provisionalmente, para dedicarse a la búsqueda del sentido de la vida.

Es frecuente que en tales circunstancias, el cuidado de los niños se convierta en una carga, aun cuando el recién nacido sea recibido en un ambiente festivo. El deseo de satisfacer las necesidades propias choca con las tareas que deben realizarse no sólo durante todo el día, sino hasta de noche. Esta contradicción se suaviza en una sociedad «progresista», pues las instituciones sociales en parte les libran a los padres de tener que cuidar de sus hijos. Este delegar el cuidado de los niños a otras personas puede que no siempre tenga su origen en un apuro verdadero. Hay bastantes madres que prefieren pasar ocho horas delante del ordenador, o pasar tiempo hablando por teléfono, antes que quedarse en casa con sus hijos. En una sociedad en la que los niños no son la prioridad, esta contradicción entre los deseos y los objetivos de los adultos y las necesidades infantiles está cada vez más marcada y puede poner en peligro el desarrollo de la nueva generación. Cuando los padres desean recuperar su juventud, puede suceder que interpreten la idea de educación por medio de la actividad autónoma, de tal forma que los niños «se las apañen ya sin los viejos». De esta forma, los adultos tienen una coartada para dejar solos a los niños y para dedicarse libremente a sus propios intereses y necesidades.

Si queremos encontrar un camino personal entre las necesidades propias, los planes y las directrices de la educación tradicional y todas las circunstancias exteriores actuales, es aconsejable, por lo pronto, renunciar a la idea romántica de realizarnos en nuestra vida por medio de los hijos. La afirmación de Maturana de que todo organismo «se hace a sí mismo», es decir, que es responsable de su propia realización, nos lleva a la conclusión de que los niños no vienen al mundo para hacernos felices, que ellos se pertenecen a sí mismos y no a nosotros, y más bien representan una tarea para el individuo adulto. Este enfoque pone límites a las madres y a los padres para tratar a sus hijos a su antojo, para esperar de ellos que satisfagan sus intereses y sus ilusiones o incluso tengan aspiraciones de éxitos que sus padres nunca tuvieron.

También este principio puede ser de ayuda para ver a los niños con nuevos ojos, pues el hecho de que padres e hijos estén emparentados entre sí estrechamente por la masa hereditaria conjunta, que sus campos morfogenéticos sean parecidos y que los niños hayan vivido durante nueve meses en simbiosis corporal con la madre, puede ser al mismo tiempo tanto algo dichoso como algo aterrador. Las relaciones son muy estrechas, lo común es muy fuerte y la tentación de tomar posesión o de huir es muy grande. Además, muchos de los actos más básicos que sirven para que un bebé sobreviva son además programas de comportamiento estereotipados almacenados en la memoria de la especie humana. El impulso de alimentar al niño y de protegerlo, así como muchas otras formas naturales de trato maternal tienen su origen en instintos prehistóricos que sirven para la conservación de la especie.

Pero ¿cómo pueden estos impulsos conservar su validez y aun así no competir con la necesidad básica de todo individuo, por tanto también de toda madre, de satisfacer el propio potencial interior, de madurar y de desarrollarse a sí mismo? A mi modo de ver, para ello se necesita una decisión personal a fin de aceptar la responsabilidad por los niños de una manera distinta, es decir, de no ejercer la paternidad sencillamente «de forma instintiva», de no apostar los intereses propios contra los de los niños, sino cooperar voluntariamente con el proceso que nos ofrece la vida, a saber, madurar en la colaboración entre las necesidades propias y las infantiles.

Este tipo de proceso de desarrollo se produce cuando el primer amor instintivo de los padres se transforma poco a poco en un *amor al prójimo* auténtico. Pero ¿cómo podría suceder esto si no fuera a través de libertad y de límites que estén realmente relacionados con el programa de desarrollo del niño y del adulto? Cuando el adulto reconoce que sus membranas emocional e intelectual están heridas por sus propias vivencias infantiles, pero al mismo tiempo considera posible su curación paulatina, el trato con un niño adquirirá un significado importante. Pues la decisión de no tratar a los niños de forma directiva, de manifestarles amor con respeto en su interacción individual con el mundo, crea también para nosotros mismos el entorno saludable para restablecer las membranas propias. Y mediante esta aceptación del «legítimo otro», es decir, del niño con su propio programa de desarrollo interior, se transforma el amor instintivo de los padres en amor al prójimo, que renuncia a obtener satisfacción a través de los éxitos del hijo.

Cuando mediante este tipo de relación recíproca se curan las membranas propias y se constituyen las del hijo, poco a poco puede tomar su curso el proceso de desprendimiento entre padres e hijos. Incluso un bebé, una vez saciado de una atención afectuosa y respetuosa, puede estar contento ocupándose consigo mismo, y así dejar que la madre tome cierta distancia y permitirle que haga algo para ella misma. Estos momentos se irán haciendo cada vez más largos si la madre confía en el niño, y si el niño está seguro de su atención siempre que la necesite. Lo que los adultos buscan a menudo en cursos y en grupos de autorrealización podemos experimentarlo día a día en el trato afectuoso y respetuoso con los niños: un ejercicio constante de estar completamente presentes, pues los niños reaccionan con enorme sensibilidad cuando sólo estamos a medias o cuando sólo pretendemos estar con ellos. Tenemos una oportunidad magnífica para volver a sentir el propio cuerpo, pues en este estado el niño siente nuestro contacto como una bendición y no se siente tratado como un objeto. Y nosotros podemos aprender a volver a unificar nuestras acciones y nuestras palabras, que a menudo están desconectadas.

En lugar de dirigirnos a los niños de forma «instintiva» o «impulsiva», nos ponemos un pequeño límite. Éste nos permitirá guardar cierta distancia, incluso en la cercanía más estrecha, e impedirá que nos precipitemos sobre el niño corporalmente, emocionalmente o intelectualmente con movimientos o con palabras, que penetremos en él y lo determinemos desde el exterior.

En lugar de confiar en los consejos o en los conocimientos especializados de otras personas, esta distancia ofrece la posibilidad de entrar en onda con cada situación, de confiar más bien en lo que nosotros mismos percibimos, de estar dispuestos a entrar en armonía con las intenciones del niño, pero también de aprender de los propios errores. De esta forma, el trato con los niños puede convertirse en una vivencia fructífera y al mismo tiempo en una aventura en la que nunca estaremos seguros de cómo va a acabar. Se nos abre toda una serie de posibilidades para practicar empatía, para comprender mejor y para establecer nuevas conexiones. Es inevitable que con este pensar y sentir con ellos surjan en nosotros recuerdos de nuestra propia infancia y se presenten numerosas situaciones olvidadas y que ahora pueden ser asimiladas.

En toda actividad, incluso en la más cotidiana, se nos abren distintas posibilidades para ejecutar una acción. Ya en la manipulación de utensilios de cocina se puede actuar con violencia o con suavidad, con prisa o con calma, con enfado o con tranquilidad, de forma desatenta o interesada. Si tenemos libertad para ejecutar hasta las cosas sencillas de una u otra manera y de este modo –de una u otra manera– «hacernos a nosotros mismos», ¿cuánto más tendremos la posibilidad de probar distintas formas de estados de ser cuando estamos junto a los niños y como ellos de bregar con las distintas situaciones con entusiasmo y a la vez jocosamente? En nuestra búsqueda de nuevos caminos sentimos los límites una y otra vez: esto es adecuado para el niño y para mí, eso otro no cuadra con él ni conmigo. Sólo podemos establecer estas diferencias cuando prestamos atención hacia dentro y hacia fuera. Con el tiempo, ya no pasamos por alto tan a menudo las pequeñas advertencias de los niños con las que nos indican sus necesidades. Podemos sintonizarnos mejor con el programa de desarrollo del niño, nuestras interpretaciones se producen más bien en armonía con su realidad, y nuestra experiencia nos proporciona a nosotros mismos una sensación de bienestar, pues corresponde a nuestra propia necesidad de desarrollo que exige comprensión.

Lo que antes era una «responsabilidad pesada» y limitaba nuestra libertad, ahora adquiere un nuevo rostro y un nuevo significado. Niños que se sienten amados, respetados y entendidos no tienen necesidad alguna de complicarnos la vida con lloriqueos, estallidos de ira, aburrimiento o con pegarse a nosotros. No necesitan ponernos a prueba a cada paso para saber si realmente les queremos, si les prestamos más atención que al bebé o a la visita, si estamos ahí cuando nos necesitan, si les concedemos autonomía en las cosas para las que ya son maduros. De esta forma, la convivencia con los niños se hace más relajada y nuestra libertad crece junto con la libertad de los niños.

Pero quien decida entrar en este camino debería prepararse para posibles sorpresas. Quien en el primer entusiasmo creía poder apropiarse de nuevas formas de comportamiento como uno se pone un vestido nuevo, probablemente pronto se sentirá frustrado, pues los niños no quieren un «método mejor». Lo que necesitan son seres humanos reales que estén dispuestos a cambiar. Por otro lado no podemos esperar hasta «llegar a un elevado nivel de conciencia para entonces tratar a los niños de forma correcta». Cuando hubiéramos llegado a ese estado elevado, los niños que nos rodearían hace tiempo que serían ya mayores y ya no necesitarían de nuestros cuidados.

Recorrer nuevos caminos con niños significa prepararnos para lo imprevisible y por ello dar cada paso nuevo con atención e interés. Significa que debemos intentar aclararnos sobre la dirección en la que queremos ir, pero sin creer que tendremos que mantenerla siempre sin corregir los errores. Que no debemos rechazar un buen consejo, pero que sobre todo conviene confiar en nuestros propios sentidos y asumir la responsabilidad de cada paso. Significa que sigamos los impulsos de las ideas de otros y de las imaginaciones propias, pero sin eludir la búsqueda de nuestra propia comprensión. En todo ello es inevitable que una y otra vez lleguemos a un punto en el que no sabremos cómo continuar, pero aun así tendremos que actuar y aguantar este estado hasta que encontremos una nueva orientación.

Pero como los niños siguen su propio plan interior y sus necesidades auténticas, cuando el entorno esté más o menos adecuado, existen buenas perspectivas para que nosotros, junto con ellos, encontremos siempre un camino. Niños que para sobrevivir no tienen que adaptarse denodadamente a adultos tercos e intransigentes, que por lo contrario sienten que estamos dispuestos a embarcarnos con ellos en un proceso de aprendizaje, también se atreven a mostrarnos qué necesitan ellos y qué necesitamos nosotros. Nos emiten señales cuando les faltan límites y protestan cuando nuestros límites claros degeneran en patrones de comportamiento obstinados. Su vivacidad cuestiona una y otra vez nuestras propias estructuras de pensamiento y de sentimiento. Nuestra mente que tanto apreciamos está acostumbrada a tratar con blanco o negro, con sí o no. Los niños nos enfrentan con innumerables situaciones donde estas estructuras de pensamiento habituales están fuera de lugar.

Continuamente nos vemos en situaciones nuevas en las que debemos decidir: «¿Quiero aferrarme a mis viejos patrones? ¿Quiero recabar recetas y consejos de especialistas, o prefiero hacer un esfuerzo, ampliar mi propio pensamiento, profundizarlo y readaptarlo a lo inesperado?». Ésta es una invitación que nos saca del callejón sin salida, en caso que creamos que la responsabilidad ante los niños consiste exclusivamente en obligaciones. En lugar de sentirnos perjudicados porque los niños restringen nuestra libertad personal, podemos decidir verlo de otra manera: tenemos libertad para cumplir nuestra responsabilidad de otro modo, descubrir continuamente de qué otra manera podemos estar presentes. Y así, pronto percibiremos una diferencia en nuestro sentimiento vital. En lugar del típico sentimiento de lunes por la mañana (otra vez, toda una semana en la que debo trabajar) se asemejará más bien a la atmósfera que reina en un campo de deportes: estamos contentos de poder jugar, estamos interesados, atentos y curiosos por cada giro del juego, pero también dispuestos a cumplir las reglas del juego.

Con frecuencia nos ha pasado que niños un poco más grandes y, por supuesto, sobre todo, los adolescentes se enojan con los adultos que confunden reglas «estrictas» con reglas «claras». Su crítica es que «algunos adultos aprenden las reglas de memoria». ¿Cómo puede esto verse en la práctica? Por ejemplo, en la reunión semanal de los niños se ha acordado la regla de que en el recinto de la escuela no está permitido salpicar a otros. (Regla de especial gravedad durante la semana de carnaval, en la que en todo Ecuador reina la locura de lanzarse agua.) Si un niño se lava las manos y sin querer salpica a otro es posible que se produzca una gran discusión: salpicar es salpicar, pues en la mentalidad de los niños más pequeños aún no existe la diferencia entre actos voluntarios e involuntarios. Podría suceder que los adultos se sientan también inseguros en estas diferenciaciones y que en la discusión insistan sencillamente en las «reglas fijas».

Los niños no esperan de nosotros que aprovechemos cualquier momento para hablar de qué reglas son válidas, sino que respondamos personalmente de que se cumplan. Es decir, en lugar de recordar una y otra vez una regla o trato, nos exigen que, aun cuando ellos mismos hayan formulado una regla, no nos obstinemos en ella y escurramos así el bulto, sino que nos enfrentemos a la situación en persona: «No os permito lanzaros barro», en lugar de «Ya sabéis que aquí la regla es que a nadie se le permite lanzar barro a otros». Ha pasado mucho tiempo hasta que nos hemos sentido bien con esta versión, pues nos parecía más sencillo atrincherarnos tras las reglas sin dar la cara. Sin embargo, parece ser que para los niños las reglas «claras» son aquellas en las que el adulto afirma claramente que él se hace responsable personalmente de que se cumplan.

No obstante, a veces sucede que los niños insisten en que ellos mismos se han puesto de acuerdo en una regla y que ésa es precisamente ahora la que ellos dan por válida, por ejemplo, que han acordado que pueden hacerse daño unos a otros y ninguno de ellos protesta en contra. Entonces, los cuidadores no deberían entrometerse, pues se trata única y exclusivamente de una cosa suya. En estos casos, nos ceñimos a la máxima de que nosotros, los adultos, somos responsables del entorno preparado relajado y nos mantenemos firmes en nuestro límite: «Vosotros habéis puesto esta regla, pero nosotros no os permitimos que os hagáis daño unos a otros».

La necesidad de intervención personal se ve con toda claridad en aquellos casos en los que nosotros, los adultos, preferimos mirar a otro lado que poner límites claros al comportamiento de los niños. Los motivos para actuar así pueden ser muy diversos: que estemos demasiado ocupados en ese momento y prefiramos terminar primero con nuestras cosas; que seamos demasiado cómodos para acercarnos a los niños o que tengamos miedo de sus protestas o evasivas. No importa qué razones podamos tener, las consecuencias son inevitables. Los niños aprenden que con los adultos no se puede contar en serio, que son imprevisibles o irresponsables, por tanto, manipulables o no dignos de confianza. Y las reglas y las regularidades se convierten para ellos en algo borroso.

Cuando los adultos desean conceder a los niños libertad en una medida de la que ellos mismos no la han disfrutado, entonces, cuando se trata de poner límites, ellos mismos se sienten como que están en sus balbuceos. Los viejos conceptos de disciplina, de obediencia y de cumplimiento de obligaciones se arrojan por la borda. Pero sólo a partir de experiencias nuevas es posible identificar, poco a poco, las relaciones entre entorno, necesidades auténticas y limitaciones. Sólo cuando el caos de una «vida libre» se torna insoportable, cuando se ha sentido lo suficiente qué significa vivir sin horarios fijos de comidas, cuando los juguetes y la ropa sucia están repartidos por toda la casa, cuando las mesas se han utilizado con demasiada frecuencia como asientos y los jarrones de flores como cajones de arena, puede que entonces crezca el deseo de orden y de rutina. Llegados a este punto, algunos recurren a los viejos métodos acreditados y autoritarios.

Pero entre disciplina y *laissez faire*, existe la posibilidad de sacar provecho también para nosotros de cada pequeño paso de aprendizaje que dan los niños, de tejer con ellos una red hecha de un gran número de experiencias diminutas que hará madurar una nueva comprensión no sólo en los niños, sino también en nosotros. Así como los niños van cambiando y están dispuestos a aprender de cada situación, también nosotros podemos desarrollar, poco a poco, una comprensión más profunda de los procesos vitales. También nosotros podemos encontrar el camino desde el egocentrismo natural hacia la cooperación, cuando precisamente en los momentos «sin importancia» que componen la mayor parte de nuestra vida con los niños, estamos presentes y percibimos con frescura las conexiones más diversas y como los niños tomamos «pequeñas» decisiones.

Pongamos que un niño mira alrededor de la mesa y parece querer un trozo de pan. ¿Le ponemos enseguida una rebanada en su plato o esperamos, antes de dárselo, y nos atrevemos a preguntarnos: «¿Cuáles son realmente mis motivos? ¿Miedo a que se muera de hambre? ¿O quiero mostrarle que le quiero? ¿O prefiero recuperar la tranquilidad cuanto antes? ¿O quiero que sienta que depende de mí?». Independientemente de lo que salga a la luz, el ínfimo momento de detenernos está creando ya una nueva dinámica y da al niño y al adulto distintas posibilidades de comunicación. Quizás el niño quiere probar por sí mismo si sus brazos llegan hasta el pan. O quizás le gustaría que se le acercara un poco la cesta del pan para que él mismo pudiera elegir su rebanada.

Estas escenas se producen con suficiente frecuencia durante el transcurso del día, y nos permitirán practicar el detenernos y ponernos límites a nosotros mismos hasta que con el tiempo se forme un nuevo patrón. Para ello se ofrecen numerosas oportunidades, pues la capacidad para proyectar y planificar con antelación está en los adultos mucho más desarrollada que en los niños, que viven en una especie de intemporalidad mucho más intensa cuanto más pequeños son, por lo que su capacidad para prever y valorar es menor que la nuestra. La mayor tentación es anticiparnos a sus propias percepciones, arrebatarles por adelantado sus decisiones y reflexiones, aunque sea con la mejor intención de ahorrarles esfuerzo y frustración. Esta tendencia nos proporciona numerosas oportunidades de poner freno a nuestro brío. Para ello, la mejor ayuda para mí es siempre imaginarme el proceso de desarrollo neurológico en el cual, despacio y con cautela, pero con seguridad, las percepciones, los juicios y las decisiones tienen que ser enlazados antes de que se produzca un acto propio. Y para que se dé este proceso desde dentro, debe haber el menor acoso posible desde fuera.

Rara vez los adultos toman conciencia de las maneras tan diversas en que se produce este intervenir con antelación, por ejemplo, cuando de forma casi automática le ponemos un jersey al niño aunque esté intentando ponérselo él mismo, o le ponemos en la mano un objeto hacia el que está comenzando a estirarse. Nos estamos anticipando a su desarrollo cuando le estamos sentando, le estamos poniendo de pie, le estamos subiendo a una escalera o a un columpio, y de esta forma le estamos quitando no sólo la posibilidad de iniciativa y de decisión de superar obstáculos, sino también la alegría de descubrir sus propias posibilidades.

El intervenir precipitadamente con palabras es una práctica todavía más frecuente en el adulto: «Mira aquí», «Mira allá», «Escúchame», «Ten cuidado», «Piensa un poco», «Seguro que puedes entenderlo». Una larga letanía con la que se dirigen los sentidos y la interpretación de los niños antes de que lleguen a orientarse bien en una situación y puedan relacionarla con sus necesidades interiores. Pero no sólo se anticipan los actos y las palabras, también la mímica, el tono de voz y toda nuestra actitud, incluido el estado de ánimo que irradiamos a nuestro alrededor y con el que consciente o inconscientemente influimos en otras personas. Por tanto, si pensamos en serio en no actuar de modo directivo con nuestro prójimo, es inevitable que nos sigamos sorprendiendo, una y otra vez, en algún tipo de directividad y que, una y otra vez, tengamos que intentar la próxima vez estar presentes de otra forma. Podemos medir nuestro progreso cuando nos detenemos con mayor frecuencia en medio de un movimiento o de una observación, quizás retrocediendo una mano o tragándonos alguna palabra. Los niños también se darán cuenta de que nos estamos poniendo límites a nosotros mismos y nos lo agradecerán de diferentes maneras.

No obstante, no basta con ser más críticos con nosotros mismos. No podemos olvidar que nosotros, los adultos, somos responsables tanto de las circunstancias como del entorno en los que tienen lugar estos procesos complejos. ¿Somos quizás de la opinión de que los niños son capaces de notar por sí mismos qué entorno es el adecuado para ellos? ¿O acaso tenemos demasiada pereza para contemplar el entorno con ojo crítico? Es fácil que nuestra eventual incapacidad de diferenciar entre entornos adecuados e inadecuados para los niños, pueda hacernos una jugarreta: que no distingamos los peligros activos de los obstáculos razonables; que quizás entre los materiales no estructurados se encuentren tablas con clavos oxidados o botellas fáciles de romper; que infravaloremos la influencia de los medios de comunicación o que no diferenciemos matices más finos de circunstancias distintas (por ejemplo, la hamaca del salón es para descansar, mientras que la hamaca que cuelga fuera puede también servir para jugar); que no juzguemos cuánto tiempo pueden estar los niños expuestos a la música y al ruido sin causarles daño alguno; que o bien no preveamos qué efectos tiene la visita de otras personas, o bien en nuestra exaltación defendamos nuestro hogar de tal manera que los niños apenas tengan vivencias interesantes con otras personas y no puedan conocer la actitud de los padres frente a extraños o amigos.

Independientemente de que por libertad entendamos llevar con nosotros a los niños a todos los sitios, o que apenas salgamos de casa y nos dediquemos única y exclusivamente a nuestro hijo: nuestros procesos de desarrollo y los de los niños dependen de cómo en la convivencia ponemos límites entre lo que es demasiado y demasiado poco, para que también nuestra propia percepción y nuestro propio juicio de circunstancias exteriores e interiores sean más fiables. Quizás sea necesario hacer más caso a las inclinaciones propias en lugar de dedicarnos única y exclusivamente a nuestro hijo. O al contrario, puede que haya llegado el momento de dar prioridad no a la autorrealización o a la necesidad de recuperar deficiencias anteriores, sino a contener esos deseos a favor de la familia. Los padres que voluntariamente aprovechan los años en los que sus hijos son pequeños y —en un equilibrio sano entre prioridades adultas e infantiles— se esfuerzan en serio por conseguir relaciones adecuadas con ellos, pronto se dan cuenta de que no sólo los niños, sino también ellos mismos sacarán provecho de esta decisión. Esto puede significar poner límites en su casa a los abuelos o a otros familiares cuando quieran inmiscuirse en la educación con demasiado ahínco. Puede que esto ocasione alguna que otra crisis, pero es posible que se aclare la relación con los propios padres siempre que no intentemos convertirles a nuestras opiniones sobre educación, sino que a la hora de poner límites, obremos con ellos también de forma respetuosa y no directiva.

Precisamente en la época actual en la que cada vez más especialistas de las más diversas corrientes presionan a los padres para que traten a sus hijos «de forma profesional» (en particular, cuando aparentemente hay algo en ellos no del todo «normal»), se necesita valor y seguridad en sí mismo para no delegar la responsabilidad por ellos, especialmente porque las técnicas con las que los niños son adaptados a las expectativas de la sociedad son cada vez más sofisticadas. Pero un gran porcentaje de las ayudas ofrecidas consiste en actuar y en apremiar desde el exterior que, al parecer, son eficaces. Pero cómo podemos demostrar que en un entorno adecuadamente preparado los procesos curativos se dan desde el interior, si no es atreviéndonos a buscar nuestro propio camino.

Estos últimos días hemos mantenido largas charlas con un matrimonio que lleva relativamente poco tiempo con nosotros y a cuya hija, de ahora nueve años, aceptamos en nuestra primaria en el último año escolar como caso excepcional. Habían ocultado la información de que la niña, en el primer curso, había sido calificada por la psicóloga de la escuela como «de aprendizaje lento». En el Pesta, enseguida nos dimos cuenta de su insegura motricidad gruesa y de la tendencia a compensar esta dificultad con un incesante hablar. Pero como aquí jugaba la mayor parte del tiempo en un terreno desnivelado, aprovechaba todas las posibilidades de actividad corporal y era contenida por otros niños en su charla permanente (por ejemplo, le pedían que ayudara a transportar ladrillos en lugar de parlotear). Poco tiempo después se notó un progreso notable en su interacción. Luego, los padres hicieron un viaje a Perú, y un especialista les aconsejó medicamentos para regular los procesos neurológicos. ¿A quién podían creer ahora? ¿A su propia percepción del proceso de su hija o al especialista?

Otra familia decidió por su parte no confiar a su hijo con síndrome de Down a las artes de un asistente social que sabía cómo tratar «estos casos» con técnicas de estimulación. Los padres se dedicaron a su hijo con entrega en un entorno que ellos mismos habían preparado de una forma no directiva, y en las horas prescritas dejaban que estuviera presente el terapeuta, con la condición de que se comportara de la misma manera no directiva. Unos meses después, la Oficina de Protección al Menor destacó este caso como una «terapia ejemplar y exitosa». Estaba claro que, en todo sentido, a este niño le iba mejor que a otros que se sometían a una terapia normal.

A menudo, a los adultos les resulta difícil trazar límites entre las responsabilidades ante la familia y ante el trabajo o ante las obligaciones sociales. Las charlas familiares más largas de todos estos años las hemos mantenido con padres que viajaban continuamente por todo el país para ayudar a los indígenas y a los habitantes de los suburbios, mientras sus propios hijos pasaban el tiempo con la criada delante del televisor. Con tanta pobreza y con tantos problemas sociales puede fácilmente suceder que las necesidades de la propia familia parezcan menos importantes. A pesar de ello la «vida se venga» si los padres no aprenden a poner aquí también sus límites. ¿Quién puede pretender mejorar el mundo si ese ser cercano, al que él mismo ha traído al mundo, puede verse desatendido por ello?

Las decisiones importantes sobre dónde, cuándo, a quién y cómo deberían los adultos poner límites para crear un espacio en el que puedan crecer nuevas relaciones con los niños (y también entre sí) nos deparan una y otra vez dolores de cabeza y de estómago en este viaje de aventuras. Seguramente resultaría más sencillo adaptar nuestras acciones al sistema y alejar la «culpa» cuando la convivencia con niños resulta poco edificante. Pero cuando nosotros, voluntariamente, practicamos no anticiparnos en actos y palabras a un niño en sus propias intenciones y en su ritmo estamos entrando en un cambio personal y a la vez estamos modificando nuestras relaciones con los demás y nuestra perspectiva de las circunstancias concretas.

Hoy, precisamente, me encontraba en el sector de ciencias naturales del Pesta y dedicada a colocar distintas semillas en frascos de cristal entre arena mojada y papel blanco para que pudiera observarse bien el proceso de germinación. Una niña de siete años que se dirigía hacia el balcón se detuvo un momento a mi lado y me preguntó: «¿Qué estás haciendo con eso?». Me volví hacia ella y vi que su interés por lo que estaba haciendo era inequívoco. Así que le describí el proceso: «Primero deposito un poco de papel, luego arena mojada en el medio, y aquí pongo unos granos de maíz, unas lentejas, alubias negras y marrones». La niña contemplaba mi trabajo con curiosidad y sentí cómo me entraban ganas de pintarle el esperado proceso de germinación. Pero esperé para comprobar si la niña continuaba planteando preguntas tales como: «¿Para qué haces eso?».Pero la pregunta no llegó, aparentemente a la niña le pasaba alguna otra cosa por la mente. De repente, vio una hormiga por la mesa, fue a buscar la lupa del estante y contempló el minúsculo animal durante largo tiempo y con gran concentración. Ésta es una escena insignificante, pero durante todo un día se producen numerosas ocasiones de este tipo, cada vez en un contexto distinto. De su totalidad, se genera la calidad de relaciones novedosas y así, con el paso de los años, irá creciendo la confianza que en el futuro permitirá a los adolescentes una y otra vez buscar la cercanía de los adultos, pues ellos han demostrado que han sabido respetar los procesos internos.

En el desarrollo de un niño y de un adulto, además de los indicios exteriores, existen diferencias importantes en cuanto a las características interiores: a través de los años la corteza cerebral de un adulto ya ha madurado mucho más y nos induce a prever cosas, a relacionar muchas situaciones entre sí, a extraer conclusiones y a abstraer de lo concreto. Un niño de siete u ocho años se encuentra ante el umbral de este proceso. Si nosotros no lo empujamos y estimulamos, se tomará una y otra vez el tiempo para permanecer con todos sus sentidos en el presente e interiorizar muchos elementos que nosotros apenas percibimos, porque nos hemos acostumbrado a interactuar con el mundo con conceptos acabados. La decisión de cuidarnos en la convivencia con un niño, de no imponerle este mundo de conceptos, nos lleva a un nuevo estado de percepción: así como cuando contemplamos una imagen tridimensional se repliega la forma habitual de mirar, se experimenta una sorpresa y se abre una imagen inesperada, nosotros vivimos a los niños en otra dimensión cuando dejamos de guiarles según nuestras propias interpretaciones.

Dado que los niños siempre están en movimiento explorando algo, a nosotros, los adultos, nos hacen continuamente la oferta de seguirles y de presenciar sus vivencias y experimentaciones. Esto nos abre un tipo de interacción con la que nosotros, «a nuestra edad», ya no habíamos contado. Quizás nunca la hayamos vivido con tanta intensidad, o quizás sólo hayamos perdido la posibilidad de acceder a ella. ¿Qué encuentra de maravilloso un niño de tres años en un charco de barro, y qué puede sentir cuando lo remueve con un palo una y otra vez? ¿De dónde sacan los niños de diez años la energía para jugar en un bosquecillo a campo traviesa a policías y ladrones, tirarse por el suelo, esconderse tras un zarzal, sin apenas darse cuenta de los arañazos y chichones que van adquiriendo por el camino, o para desafiar el agua fría de un arroyo, mientras construyen en él puentes, embalses y esclusas durante largas horas?

Los adultos caen una y otra vez en la tentación de hacer también un sistema fijo y cerrado hasta de las relaciones respetuosas con los niños. Nos percatamos de este riesgo cuando oímos las típicas «preguntas receta»: «¿Te parece correcto darle propina al niño?», «¿Está mal que llegada cierta hora de la noche yo quiera descansar y le mande a la cama?», «¿Puedo dejar que los niños visiten a los abuelos aunque no tengan la menor idea de lo que es una educación no directiva?», «¿Cuál es la alimentación más sana para los niños?», «¿Tenemos los adultos que interrumpir siempre nuestras conversaciones cuando un niño quiere algo de nosotros?», «¿No sería mejor que los niños se lavaran su propia ropa para que su necesidad de actividad práctica adquiera un referente concreto?», «¿Cuánto tiempo al día es recomendable que mi hijo de nueve años pase leyendo?», «¿Qué debo hacer exactamente cuando mi hijo sufre un ataque de ira?».

Podría llenar páginas y páginas con este tipo de preguntas que plantean los adultos. El deseo de querer hacerlo todo bien a menudo va acompañado de la esperanza de alcanzar este objetivo imitando a otros que tienen más experiencia. Pero como *ninguna* situación es exactamente igual a otra, y los niños y los adultos «se hacen a sí mismos» en la interacción con estas circunstancias nunca idénticas, no queda otra solución que asumir el riesgo, vivir uno mismo, cometer errores y aprender de ellos, y de este modo poner también límites al ansia de seguridad y de resultados garantizados.

Para finalizar este capítulo me atrevo a citar otro límite que se somete a discusión una y otra vez. Es comprensible que especialmente adultos con inclinaciones espirituales tengan el deseo de ofrecer lo antes posible experiencias espirituales a los niños en su cuidado, para lo cual actualmente existe un amplio abanico de ofertas y de técnicas. En ocasiones que los padres quieren conocer nuestra opinión al respecto, expresamos nuestra convicción en el siguiente sentido: creemos que el plan de desarrollo de los niños exige que se ubiquen plenamente en este mundo concreto, definido por los límites de la vida orgánica, y que es la tarea de los adultos hacer esto posible. Este proceso va acoplado con alegrías y con sufrimiento. Hay muchos obstáculos que tienen que vencer, muchas decisiones que tomar, tienen que aprender a distinguir entre dentro y fuera y encontrar una y otra vez el equilibro entre dependencia y autonomía. Todo esto requiere una atención plena y el valor para estar presentes y «en el más acá». En nuestra opinión, de todas maneras, los niños están cerca de su alma, pero mediante ejercicios espirituales pueden ser inducidos a zafarse de las exigencias de la vida concreta y corporal.

Seguro que para muchos adultos constituye una auténtica necesidad prestar atención a este nivel de desarrollo humano. Pero en este aspecto me parece aconsejable no atravesar con fuerza de voluntad ni con técnicas los límites que pertenecen a la vida concreta de nuestro cuerpo: que en la actualidad y en el lugar en que nos encontramos en este momento «estemos con total normalidad y totalmente presentes» y confiemos en que exactamente cuando lo necesitemos se nos abrirán comprensión y perspectivas más profundas. El bienestar de los niños depende de nuestra capacidad de estar presentes. Al mismo tiempo, son los niños los que nos ofrecen numerosas oportunidades para que practiquemos con esta presencia.

Toda etapa vital tiene sus propias tareas, y la libertad y la responsabilidad van estrechamente unidas. Un niño pequeño puede ser responsable de sí mismo en la medida en que le facilitemos la debida autonomía. Esta autonomía irá desde lo sensomotriz, hasta la creación del propio juicio, del mundo concreto hasta la responsabilidad por el propio carácter. Los niños que tempranamente son motivados para hacer cosas para las que su cuerpo aún no está suficientemente maduro tendrán menos libertad y menos responsabilidad. Los niños que aprenden demasiado pronto a tratar con abstracciones, dependerán de un profesor y esperarán sus indicaciones y correcciones. También los ejercicios espirituales antes de la madurez hacen dependientes y menguan la responsabilidad propia y la libertad.

Si colaboramos voluntariamente con las leyes de vida, experimentaremos que la vida en todas sus dimensiones constituye una unidad y que no la perdemos si ahora estamos presentes junto a los niños.

LÍMITES EN UNA ESCUELA LIBRE

Un entorno «libre», «activo», «no directivo» o «no instructivo» para niños es una especie de organismo vivo. También esta clase de entorno sólo puede existir, crecer y madurar paulatinamente cuando aprende a tratar con los límites, tanto en su interacción con el medio ambiente como en sus propias estructuras. Sobre esto, apenas teníamos una vaga idea cuando hace veinte años comenzamos a trabajar con cuatro niños preescolares. Cuando hoy escribo sobre «nuestros límites», hemos recorrido un largo camino entre aquel comienzo y el estado actual de las cosas. Podría contar innumerables historias y anécdotas sobre todo lo que nos ha sucedido por falta de límites, sobre cómo, poco a poco, hemos ido perdiendo nuestro miedo a los límites; cómo nos pasamos de la raya y de este modo íbamos acumulandos experiencias. Puede que resulte de ayuda transmitir algunas de estas experiencias. No obstante, no recomendaría a nadie que simplemente asumiera los límites y las reglas con los que nosotros hemos ensayado. Nos encontramos en un permanente proceso de situaciones cambiantes que cada día nos exigen adaptación. Y nadie puede escaparse de la tarea, más o menos angustiosa, de probar en sus propias carnes los límites adecuados.

Nuestros procesos de aprendizaje se han desarrollado en distintos ámbitos al mismo tiempo:

- con respecto a límites que reconocíamos como necesarios en la dinámica del entorno preparado para niños;
- con respecto a cuidadores y profesores;
- en la organización y en la administración;
- en la colaboración con padres;
- en el trato con muchas visitas;
- en nuestras relaciones con las autoridades educativas.

En este intercambio entre personas con los más diversos conceptos y necesidades nos ha tocado asumir la tarea de definir una y otra vez el contenido del trabajo y de demarcarlo frente a la práctica educativa general.

Los conceptos «límites» y «reglas» se estiran como un hilo conductor a lo largo de todos los capítulos de este volumen. Por ello, al final de este libro puede que resulte oportuno recalcar que estos vocablos adoptan un significado propio dentro de un entorno relajado y preparado para las necesidades auténticas de crecimiento. Para integrarlos a la vida personal con la intención de respetar los procesos de vida auténticos, será necesario experimentar uno mismo para darse cuenta de cómo es convivir con niños de una forma ni autoritaria, ni antiautoritaria. Ya he citado cuáles son las «reglas de casa» más importantes que nosotros, los adultos, hemos introducido para mantener el entorno de los niños funcional y relajado. También he mencionado que los niños mayores de siete años ayudan a concretar las reglas de forma cada vez más activa.

Para satisfacer las necesidades específicas en cada etapa de desarrollo, para nosotros también ha adquirido gran importancia delimitar físicamente aquellas zonas en que los niños y los adolescentes hallarán los elementos que les corresponden. Entre el jardín de infancia y la primaria hay una cerca de poca altura con arbustos. A los niños menores de seis años no les está permitido estar en el otro lado, pero tienen espacio de juego suficiente en su edificio circular de madera con su enorme balcón y en el recinto cercado. Antes, a los niños de entre tres y seis años, cada semana les ofrecíamos hacer excursiones por los alrededores. Con el tiempo, cada vez participaban menos niños en ellas y nos dimos cuenta de que era mejor organizar esta actividad sólo cada dos semanas. Por lo visto, los niños necesitaban pasar más tiempo en su entorno, puesto que muchos de ellos, tras un largo viaje en el autobús escolar, necesitaban cada mañana cierto tiempo para recuperar su propio ritmo en el jardín de infancia.

Aparentemente, los niños aceptan esta separación entre las zonas con bastante más naturalidad que algunos padres a los que con mucha frecuencia hemos tenido que facilitarles aclaraciones e indicaciones detalladas acerca de los materiales que, si bien pueden resultar atractivos para los niños pequeños, pueden poner en peligro su seguridad (como, por ejemplo, la torre de escalar de seis metros de altura, la cocina de gas, los productos químicos o los escalpelos), o poner en riesgo nuestro orden necesario, ya que en las repisas de primaria hay miles de bolitas de colores para hacer cálculos, muchos libros caros y tarjetas de diversos temas.

Tampoco a los niños de primaria menores de doce años se les permite acceder a ciertas zonas reservadas para los adolescentes. En cambio, los jóvenes pueden también disponer de las salas, de las instalaciones y de los materiales de primaria. Los más pequeños de primaria se ponen de acuerdo con los adolescentes sobre el uso de la cancha de deportes. A determinadas horas del día, los más pequeños quieren estar entre ellos, y puede que los adolescentes también tengan a veces ganas de lanzar balones con fuerza sin tener que estar continuamente respetando y preocupándose por los más pequeños. Pero por consenso general han elegido una hora en la que grandes y pequeños cada día se reúnen a jugar juntos.

En este marco exterior con sus distintos umbrales, los niños y los adolescentes encuentran una gran selección de posibilidades para actividades espontáneas. En otro contexto, ya he descrito cómo en el jardín de infancia, tras la primera mitad de la mañana, las actividades en grupo voluntarias marcan el decurso del tiempo. Este transcurso rítmico permite puntos de apoyo temporales sin necesidad de limitar la libertad de tener que renunciar a la propia actividad. Pero quien decide participar en un grupo tiene que conformarse con que ello conllevará cierta limitación de impulsos personales. Los grupos de trabajo de primaria formulan sus propias reglas en consenso. Quien incumple estos acuerdos, sabe que deberá asumir las consecuencias que pueden llegar hasta la exclusión del grupo. En particular, los niños más grandes de primaria y los adolescentes se interesan por tantas ofertas en grupos que, tarde o temprano, acaban chocando contra sus propios límites. Pronto notarán que se han cargado con demasiado trabajo y que apenas les queda tiempo para el ocio y para las ocupaciones individuales. Tras las exaltaciones de las primeras semanas, la mayoría acaba limitando el horario que ellos mismos han concebido y se dan por satisfechos con un número menor de compromisos fijos.

A partir de los diez años, una vez al mes y durante tres días, los niños tienen la posibilidad de hacer experiencias de trabajos concretos fuera de la escuela, por ejemplo, en una fábrica, en un restaurante, en una tienda, en una emisora de radio, en un centro protector de animales, en una consulta médica o en algún otro trabajo. En su mayoría, los niños miden suficientemente sus posibilidades, y en contadas ocasiones eligen algo que supera sus propias capacidades. Pero no permitimos que los niños acudan a estos lugares de trabajo si en la escuela aún no han demostrado que son capaces de asumir responsabilidades, si se evaden de todo aquello que les parece difícil, se preocupan poco de qué huellas dejan sus actividades espontáneas o si prefieren sus fantasías a la realidad. Este límite les brinda la oportunidad de enfocar su propio comportamiento desde un nuevo punto de vista.

Una y otra vez reflexionamos sobre el hecho de que no ponemos límites para llevar a los niños hacia algún objetivo determinado que hemos concebido para ellos: por ejemplo, con el fin de que se hagan responsables, inteligentes o tomen conciencia de lo social. Pero los adultos estamos de acuerdo en que nuestra labor es la construcción —y por tanto la limitación— de las circunstancias en las que pueden tener lugar auténticos procesos de desarrollo. Esto se vuelve crítico cuando un niño rehúye constantemente las exigencias de su fase de desarrollo, cuando le resulta más cómodo dejar que otras personas resuelvan sus problemas, como si se tratara de un bebé, dejar que otros hagan desaparecer las huellas de sus actividades o que le quiten los obstáculos del camino, pero también, cuando un niño intenta saltarse su fase de desarrollo actual.

Ya en el jardín de infancia vemos una y otra vez a niños que sustituyen sus necesidades de desarrollo sensomotrices por una actuación aparentemente intelectual. Hablan de temas que suenan casi científicos, nos asombran con su vocabulario escogido o con sus razonamientos lógicos, o se esconden tras los libros. Precisamente hoy, oía a un niño de seis años que suscitaba un conflicto entre sus amigos y con voz acalorada exclamaba lo siguiente: «¡Sois todos tontos! Si no podéis convencerme con argumentos lógicos, no juego más con vosotros». Este mismo niño suele sufrir cada día varios accidentes, pequeños pero dolorosos, porque no es capaz de medir los riesgos e interactua con el entorno sin cuidado, de forma irreflexiva y movido por la necesidad de impresionar a otros. (Por ejemplo, se lanza grandiosamente aferrándose de una liana sin haber practicado antes, o se tira desde alturas para las que su destreza no basta, por lo que acaba cayéndose, pero generalmente se esfuerza por no llorar.) Los niños con estas tendencias intentan convencernos una y otra vez a nosotros, los adultos, de que todo lo que otros con más o menos esfuerzo han desarrollado con materiales concretos, ellos pueden solucionarlo con su mente a la velocidad de un rayo. En principio, les dejamos hacer, pero nos mantenemos firmes: «Aquí los cálculos se hacen con material». En casos especiales, como ya hemos mencionado, podemos decidir que a un «niño prodigio» que se esconde continuamente tras los libros, pero que evita circunstancias concretas, lo dejamos leer como máximo una hora al día.

Niños que ya en la etapa preescolar preferían el hablar al actuar y, por tanto, evitaban las consecuencias de sus actos, probablemente tendrán especiales dificultades para entrar en la fase operativa. Con frecuencia eluden situaciones en las que se necesita actuar de una forma concreta, experimentar y exponerse con franqueza a los propios errores y éxitos. A menudo son imaginativos y elocuentes cuando se trata de evadir límites, reglas y tratos. Su inseguridad en los procesos mentales, relacionados con sus propios actos concretos, la encubren con la escritura, con la lectura, con el «conocimiento científico» y con la imitación del habla adulta.

En no pocas ocasiones, estos niños son especialmente vulnerables a la influencia de los medios de comunicación: publicidad para comprar productos, moda, conducta temprana seudosexual, enamoramientos, música para adolescentes y similares. No es difícil adivinar qué es lo que les sucede a estos niños: cuando la fase operativa, con sus propios sufrimientos y alegrías, no les proporciona ningún sentimiento vital intenso, la huida hacia la siguiente fase de desarrollo parece prometer cierta esperanza de satisfacción. No es sólo que niños de nueve años se comporten como adolescentes, se vistan como chicos de catorce años o vayan de un baile a otro; incluso físicamente, algunos de ellos muestran indicios de precocidad sexual.

¿Cómo podríamos poner límites a estos niños sin una atención clara y afectuosa? ¿Y qué podemos conseguir sin los padres, que deberían examinar su entorno casero y su propio comportamiento con el fin de hacer posibles procesos de desarrollo auténticos tanto para sí mismos, como para sus hijos? Hace poco, vino a verme un antiguo alumno que cuando tenía catorce años dejó de sentirse bien en el Pesta porque se encontraba en un estado de falta de operatividad y de precocidad sexual –dos fenómenos que frecuentemente van de la mano– y decidió probar suerte en otra escuela. Quería hablar urgentemente con los adolescentes para contarles sus experiencias. A los dieciocho años, y tras una crisis de varios años, había llegado a la conclusión de que «todo lo que uno no realiza a partir de sí mismo, está vacío y da asco». Durante dos horas habló a chicos y a chicas de trece y catorce años insistiendo en que sólo tiene validez aquello que uno hace por sí mismo y por convicción propia. Y repitió, una y otra vez: «Sé que cada uno tiene que vivirlo por sí mismo. Pero no me quedaré tranquilo hasta que os lo haya dicho».

En la dinámica entre actividades libres y espontáneas y límites que obligan una y otra vez a detenerse y a ver las cosas con otros ojos, los niños obtienen entre sí los mejores resultados. Pero esta gran oportunidad sólo se ofrece cuando los niños organizan realmente sus actividades de forma autónoma y si en esta condición se topan con otros. Precisamente esta mañana, cuatro niñas pequeñas que tienen dificultades especiales para tomar responsabilidades, en su interacción con situaciones concretas se habían apuntado para ocupar la cocina durante las dos primeras horas. Una y otra vez me tenía que acercar para recordarles que en este rincón no está permitido bailar, jugar con cuchillos o con la cocina de gas y que tenían que dejar esta área limpia a tiempo para el grupo siguiente. Pero su experiencia primordial de que el hablar y el actuar de los adultos no van unidos impidió que hicieran caso a las advertencias, y así finalmente llegaron al límite de su tiempo. Acababan de terminar su comida, pero la cocina era un auténtico desastre. El grupo siguiente las obligó a irse a otra parte con lo que habían cocinado, pero sin probar bocado hasta que limpiaran y barrieran todo. Tras un griterío, miles de rodeos y protestas, no les ha quedado más remedio que ceder a la presión de sus compañeros («Si no cumplís con la regla, lo plantearemos en la próxima asamblea y entonces no podréis volver a cocinar en un mes»). Finalmente se comieron fríos los espaguetis y las patatas fritas y además tuvieron que limpiar el área en la que tuvo lugar su desanimada comida.

Niños con esta clase de dificultades necesitan seguramente más de una experiencia dolorosa de este tipo antes de que se organicen voluntariamente y acepten los límites establecidos por todos en consenso. En todo caso, la condición es que sus actividades no vengan impuestas ni inducidas por otras personas, que tampoco (quizás durante toda su vida) puedan endosar la responsabilidad a otros que los habían motivado y en su lugar habían tomado las decisiones para sus actos.

En la convivencia diaria entre niños de distintas edades y adultos, la mayoría de los conflictos se resuelven aquí, entre nosotros, in situ y cara a cara. Para eso estamos los adultos a disposición, para apoyar. Esto puede suceder de distintas formas: en cuanto notamos que dos o más niños van a entrar en una situación de conflicto, nos acercamos un par de metros, o según el caso de centímetros, mostramos nuestra atención, pero no intervenimos. Para todos los niños que llevan más tiempo entre nosotros, ésta es una señal clara de que estamos dispuestos a garantizar límites importantes, pero sin por ello solucionar el conflicto por los niños. Naturalmente, los niños más pequeños acuden con sus quejas primero a un adulto. En estos casos, prestamos atención a ese niño y a continuación le aseguramos: «Si quieres decirle eso a Carlos, te acompaño y me quedo contigo mientras se lo dices». Si el niño sólo necesita atención, puede que deje correr el asunto; pero si realmente quiere defender su punto de vista, nuestra presencia le hará sentirse reforzado. Pero entonces experimentará que concedemos la misma atención y cobertura al otro niño, por lo que ambos podrán zanjar sus desavenencias con las mismas oportunidades.

Además, los niños de entre siete y doce años utilizan una y otra vez la posibilidad que les ofrece nuestra asamblea general semanal de primaria para presentar en público aquellos conflictos que han quedado sin resolver bajo el punto del orden del día «Quejas». (En los adolescentes, este punto forma también parte del orden del día de sus asambleas semanales, pero dentro de este marco, los problemas con límites se presentan con mucha menos frecuencia.) Tras largas discusiones que corresponden a la «edad en la que se hacen reglas», la asamblea estableció lo siguiente con respecto a las quejas: dos quejas por trimestre (bien justificadas) se consideran como avisos, pero a la tercera queja se impondrá un «castigo». De nuevo, tras largas negociaciones y algunos vetos por parte de los adultos, porque los niños más pequeños proponían castigos demasiado desproporcionados, se confeccionó una lista de posibles penitencias: ordenar la biblioteca, sacar las bolitas de cálculo de las rendijas del piso de madera, limpiar las ventanas, barrer los suelos, ordenar la imprenta escolar, o cosas parecidas. De entre estas ofertas, no tan populares, el acusado podrá elegir un castigo. En este año escolar, que terminó hace seis meses, se impuso uno de estos castigos en dos ocasiones entre un total de cien niños de esta edad, por tanto, realmente una estadística bastante favorable.

Naturalmente se dan situaciones en la interacción de los niños entre sí que significan una emergencia y exigen una intervención directa por parte de los adultos. De vez en cuando nos encontramos con niños del jardín de infancia o con niños pequeños de primaria que no saben cómo bregar con sus impulsos de agresividad verbal o física. Consideramos que es nuestra obligación proteger a los otros niños de sus ataques para mantener el entorno relajado. Esto significa que enseguida ponemos los límites necesarios personalmente y, en el peor de los casos, comunicamos al niño que ha pegado: «Si vuelves a hacerlo, tendrás que quedarte conmigo». A continuación, no dejo a ese niño solo durante media hora o durante toda una hora, y en todo este tiempo le presto toda la atención que él está dispuesto a aceptar.

A niños de primaria que, a pesar de participar regularmente en la formulación de las reglas de casa y en la continua negociación de las consecuencias en caso de incumplimiento, transgreden a propósito las reglas básicas del respeto mutuo, puede sucederles que un cuidador les ponga un ultimátum: «Si vuelves a hacer daño intencionadamente a otra persona, enviaré una carta a tu casa. En ella contaré que la próxima vez que lo hagas no podrás venir al Pesta un día». Este tipo de comunicaciones son una indicación de que requerimos de la colaboración de los padres en caso de que el niño realmente tenga que experimentar una vez una consecuencia tan radical derivada de su propia actitud y da a los padres la oportunidad de prepararse para este acontecimiento.

Los casos en los que este tipo de «sanciones» se llevan realmente a cabo son casos excepcionales, y entonces es un castigo real, pues precisamente a los niños que se comportan mal porque se sienten mal (y esto tiene una historia muy larga en el hogar), el Pesta les gusta de forma especial. Una excepción aún mayor es que el niño, tras esta experiencia tan impresionante, siga saltándose todas las reglas básicas y vuelva a producirse un nuevo enfrentamiento con él. Al final, esto puede llevar a que informemos a los padres de que el niño no podrá volver a la escuela hasta que no solicite una entrevista con nosotros y con al menos uno de los padres, en la que anuncie su decisión de que tiene la voluntad de hacer un empeño para respetar las reglas fundamentales de la casa. En los últimos diez años, sólo hemos tenido que llegar a este extremo en cinco o seis ocasiones.

Con mayor frecuencia nos ha pasado que se les haya negado utilizar el transporte escolar por un día (o hasta una promesa solemne) a los niños mayores. En el autobús, por motivos de seguridad, rigen unas reglas más estrictas que en el entorno preparado para los niños. Los acompañantes no tienen formación pedagógica. Su tarea consiste sobre todo en velar por la seguridad de los niños. La asamblea semanal no tiene competencia para las quejas relativas al comportamiento en el autobús (de los acompañantes frente a los niños o viceversa), sino que todas las mañanas hay un profesor a disposición para que todas las partes afectadas puedan comunicar cualquier problema que haya surgido. Aunque un niño sea excluido temporalmente del transporte escolar, puede continuar yendo a la escuela. Dependiendo de las circunstancias, esto significa que un miembro de la familia debe llevarlo o que, en el caso de los mayores, le toca utilizar el autobús de línea y luego, durante media hora, subir a pie por el camino de dos kilómetros y medio que lleva al Pesta. Otra alternativa es venir en bicicleta.

Estos últimos límites y consecuencias para niños afectan por supuesto directamente a las atribuciones y al ámbito de la vida de los padres. Durante nuestros primeros años de trabajo sucedía con bastante frecuencia que los padres confundían las consecuencias de los actos de sus hijos con el tipo de castigos que ellos mismos habían sufrido. No siempre nos librábamos de reproches contra nuestra «vileza», «terquedad» u «obstinación». Pero sorprendentemente eran los propios niños los que explicaban a sus padres: «Pero si esto no es un castigo. Yo ya sabía que no me estaba permitido hacer eso, y también sabía lo que me esperaba si a pesar de ello lo hacía. Sólo quería averiguar si realmente lo decían en serio».

Muy pronto vimos con claridad que nuestras relaciones con los padres sólo podían madurar si las libertades de una escuela libre se protegían con límites. Durante los primeros años, la escuela sólo podía persistir porque Mauricio y yo asumíamos todos los riesgos de la financiación (lo que era posible gracias a nuestro trabajo fuera del Pesta) y el enfrentamiento con las autoridades, que desde el principio tomaron una posición antagonista frente a nuestro trabajo: «En Ecuador, hacemos las cosas bien. Nunca permitiremos una escuela libre». Nosotros fuimos nuestra propia «iniciativa de padres», ya que no queríamos mandar a nuestro segundo hijo a una escuela «normal». Quien quería colaborar con nosotros, era informado de la forma más minuciosa posible sobre nuestras intenciones. Para protegernos legalmente, cada nuevo año escolar formalizábamos un contrato con los padres en el que constaban por escrito tanto nuestras obligaciones, como las suyas. Los padres firmaban que en conformidad con la ley fundamental ecuatoriana se acogían al derecho a elegir el tipo de escuela que consideraban adecuada, que habían sido informados sobre el método empleado y que estaban de acuerdo con él.

Aunque este documento procedía de la presión de tener que defendernos contra la intervención de las autoridades, también nos resultó muy útil para nuestras necesidades internas, pues se ha mantenido hasta ahora como una base importante de nuestro intenso trabajo con los padres. En el año 1989, el Pesta fue reconocido con la etiqueta «Educación básica ecuatoriana de nueve años sin clases, grados ni programa» equivalente, por ejemplo, a lo que en Alemania se conoce como «bachillerato elemental». Aun así, año tras año seguimos firmando este contrato con los padres. A partir de los trece años los adolescentes también firman este contrato anual junto con sus padres.

A continuación, quisiera nombrar algunos de los puntos más importantes que constan en este contrato y que están directamente relacionados con los límites:

- El equipo coordinador de la escuela, que consiste en representantes voluntarios de cada una de las áreas de trabajo, es responsable del concepto pedagógico y de ponerlo en práctica, es decir, de disponer del entorno preparado y de las decisiones técnico–administrativas.

- Los padres y la escuela se comprometen a mantener abierta la comunicación mutua. Esto implica, respectivamente, organizar, acudir periódicamente a las reuniones de padres que se celebran cada mes, así como coordinar las reuniones familiares entre los profesores y los padres.
- Quien opta por una escuela no directiva, se está comprometiendo a no enviar a sus hijos a otros tipos de enseñanza. Asimismo, la asistencia a todo tipo de cursos y de terapias puede conllevar la pérdida de la plaza en la escuela, a no ser que se hayan elegido de común acuerdo con la escuela.
- Los padres se comprometen además al pago puntual de las cuotas escolares. (En este año escolar, un veinticinco por ciento de los niños ha recibido becas cuyo importe dependía de los ingresos familiares. Todos los padres pueden compensar un cincuenta por ciento de la cuota escolar con nuestra moneda complementaria interna, en el caso de que sus saldos sean positivos.*)

En estos «límites» se ve claramente que toda la responsabilidad de una de las partes —sea de los padres, o de la escuela— va vinculada a una responsabilidad correspondiente de la otra parte. Las reuniones de padres sirven para poder facilitar información e intercambiar experiencias que puedan ser de utilidad a los padres en sus propios esfuerzos por conseguir nuevas relaciones con sus hijos. A menudo, los temas son propuestos por los propios padres y son puntos de partida para diálogos y reflexiones. Este intercambio proporciona puntos de apoyo necesarios para que los padres —una y otra vez— puedan decidir personalmente en qué dirección desean ir con sus hijos.

Hay dos cursos obligatorios para padres con hijos que van a cumplir los seis o los doce años, respectivamente. Su único objetivo es suministrar elementos suficientes para que los padres puedan tomar una decisión personal cuando se trata de matricular a sus hijos en nuestro nivel primario o en el secundario, o para elegir otra forma de escuela. Tanto los cuidadores como los propios padres pueden pedir una reunión familiar. Para cada charla disponemos de dos horas. Por prin-

---

* Véase también página 210 y s.

cipio, acuden dos colaboradores de la escuela y se espera que participen en ellas tanto el padre como la madre, aunque estén divorciados o separados, excepto en casos en que existan otros acuerdos previos. El hecho de que nos negamos a trabajar por las mañanas de forma no directiva con niños que por las tardes acuden a cursos o son tratados en terapias de forma directiva, para algunas personas supone un *shock*, y para otras una prueba de nuestra inopia mental o una actitud dogmática. Pero esta regla es el resultado de las experiencias acumuladas durante muchos años en los que aún no habíamos implantado este límite. Entonces, saltaba a la vista que ciertos niños venían a la escuela con los mismos problemas, una y otra vez tenían que descargar vivencias inadecuadas y sencillamente no prosperaban en su proceso de interacción espontánea.

Sólo cuando los niños, respectivamente los adolescentes, son autónomos y capaces de tomar sus decisiones personales con seguridad, facilitamos una reunión entre el o la joven junto con sus padres y dos cuidadores en la que el adolescente puede exponer su deseo de visitar un curso fuera de la escuela y sus motivos para ello. Los cuidadores, a su vez, plantean ciertas condiciones: que el propio adolescente gane una parte de la cuota del curso (por ejemplo, con dinero que él mismo haya ganado durante el fin de semana); que sus padres no deben llevarle en coche al curso, y que renuncie al curso cuando haya tenido suficiente, aunque ello suponga una pérdida económica. Finalmente nos reservamos el derecho a avisarle, en el supuesto de que, con el tiempo, advirtamos en él actitudes que perjudiquen el entorno preparado y relajado de la escuela.

En nuestras conversaciones con los padres subrayamos una y otra vez que este tipo de educación alternativa en modo alguno representa para ellos una solución más cómoda: es cierto que aquí no tienen que preocuparse de notas, exámenes, rendimientos, problemas de disciplina ni de uniformes escolares, pero este camino significa un constante desafío para tomar decisiones. ¿Quiero subir en un autobús que se dirige hacia el sur o en uno que va hacia el norte, es decir, quiero ir en la dirección de la educación tradicional, o prefiero tomar otra dirección? Enviar a los niños por la mañana al Pesta y por las tardes a cualquier tipo de clase formal, en esta analogía, implica que están viajando continuamente entre el norte y el sur, y que muy pronto se confundirán por este constante cambio de rumbo. Y no sólo eso: la tarea fundamental de los padres de crear un entorno adecuado para sus hijos en casa y en el ambiente en que se mueven, en tales casos, no suele ser afrontada con suficiente decisión. Por tanto, resulta inverosímil que tengamos realmente una causa *común* en la escuela y en casa.

Cuando los padres tienen dificultades para procurar los elementos fundamentales para el desarrollo sano de sus hijos, la escuela les ofrece un tiempo y una dedicación adicionales, a menudo con entrevistas mensuales. Pero cuando se hace obvio que les falta el interés y la voluntad para probar con nosotros este difícil camino, entonces nosotros ponemos nuestros límites. Esto puede incluso llevar a que ya no aceptemos a sus hijos en el siguiente año escolar. Esta última consecuencia nos resulta especialmente difícil, pues son precisamente los hijos de estos padres los que necesitan un lugar en el que puedan liberarse continuamente de sus tensiones. Nuestro límite más doloroso es aceptar que en el contexto de los procesos de vida los niños pertenecen a los padres y que de ahí emana su responsabilidad de tener que decidir en qué dirección desean ir.

Incluso nuestra profunda convicción de que gracias a la no directividad y a la vez a un acompañamiento de los niños en un entorno preparado entramos en consonancia con la vida, y que ésta es la mejor oportunidad para tener éxito, no nos da ningún derecho ni a convencer a otros, ni a «salvar el mundo». Nosotros nos limitamos a colaborar dentro de nuestro propio radio de acción con personas que han elegido este camino voluntariamente. Por otro lado, ponemos límites cuando padres preocupados quisieran desviar nuestras propias ideas y —al menos en alguna medida— encarrilarlas en el camino de la educación tradicional. «Un poco de clases, un poco de estimulación y de motivación para mi hijo, por lo que ya está acostumbrado a que le dirijan desde fuera». Un poco más de adaptación al programa de enseñanza oficial, un par de exámenes para comprobar los rendimientos. A este tipo de insinuaciones y de presiones hemos tenido que hacer frente una y otra vez poniendo límites para no desplazarnos poco a poco hacia lo viejo conocido.

Pero nuestra experiencia es que niños, que de esta forma han sido estimulados con actividades inducidas, generalmente llevaban al

Pesta las tensiones acumuladas causadas por estas experiencias. Por esta razón, este límite se hizo también necesario para que el entorno pudiera seguir siendo relajado para los otros niños. Con la misma firmeza nos hemos enfrentado a las autoridades. Durante muchos años, la escuela sólo estuvo permitida, pero no plenamente reconocida. Este estatus especial solamente podía mantenerse porque los padres insistían en sus derechos arraigados en la constitución del país. Mientras tanto, trabajábamos en la compilación de argumentos contra los cuales las autoridades ya no pudieran alegar nada en contra. Esto llevó a un reconocimiento oficial de nuestro trabajo, pero durante muchos años vinieron inspectores que querían darnos buenos consejos sobre cómo «podríamos obtener resultados aún mejores y más rápidos». Asentimos a la opinión del último de estos señores: «Seguro que aceptaríamos sus consejos si introdujeran en las otras escuelas al menos uno de nuestros principios básicos». «¿A qué principio básico se refiere?», preguntó amablemente al inspector. «Que en los otros planteles de su distrito, los niños tengan libertad para salir de las aulas siempre que lo deseen.» Parecía una propuesta justa, pero desde entonces ningún inspector ha vuelto a personarse en nuestra escuela.

Es preciso trazar una y otra vez límites y marcaciones si queremos evitar que las autoridades o los padres se inmiscuyan en el concepto pedagógico que ha sido creado y conservado por aquellos que desean este tipo de entorno para sus propios hijos. Desde el principio, había una estrategia importante para nosotros: no rehuíamos el trabajo de documentar las actividades y los procesos de los niños con meticulosidad y de forma pormenorizada, ni de ocuparnos de una contabilidad intachable en el ámbito administrativo. Todo esto supone una gran cantidad de trabajo, de sacrificio de tiempo y de dedicación. Pero de esta circunstancia se deriva una vez más una necesidad de límites.

Cada uno de nosotros tiene que aprender a poner límites entre la tarea de crear y la de mantener un proyecto escolar alternativo poco habitual, y el hecho de que cada uno de nosotros tiene vida privada. Son muy pocos los colaboradores de nuestra escuela que no tienen hijos, pero también ellos necesitan tiempo y espacio para sí mismos, para sus propios intereses y necesidades. La mayoría de nosotros tiene su familia, hijos propios que requieren presencia y vivencias comunes en el ámbito privado. Esto significa tener que poner límites cada día; atreverse a encontrar un final a una conversación interesante o a dejar un trabajo para el día siguiente; durante la comida no hablar justo del Pesta, sino quizás de una película, de los acontecimientos del mundo o de otras cosas que no estén relacionadas con nuestro trabajo.

Durante todos estos años, esas pequeñas decisiones diarias han sido para nosotros una y otra vez un ejercicio de funambulismo. La disposición para enfrentarnos a esta dificultad ha sido en nuestra familia seguramente un punto de partida significativo para el desarrollo de nuestros propios hijos. Pero incluso en el propio trabajo escolar no han faltado oportunidades para practicar el arte de poner límites. Una y otra vez se nos plantea la cuestión de si el entorno relajado para niños no debería servir también para que los adultos se relajen. No obstante, creemos que debemos aplazar nuestras propias necesidades de descanso, de relajación, de charlar con los compañeros o con las visitas, para dar prioridad a las necesidades de los niños. Esto significa poner límites a los propios impulsos, por ejemplo, cuando nos apremia hablar con un compañero sobre cosas privadas en presencia de los niños.

Por otro lado, en el trato con los niños se presenta un sinfín de posibilidades para vigilar nuestros propios impulsos. Dos niños están discutiendo porque quieren colocar su material en la misma mesa. Al lado hay una mesa libre. Lo más natural sería indicarlo a los dos contendientes y así acortar su disputa (aparentemente sin sentido alguno). Pero esto significaría sustituir su percepción por la mía, debilitar su capacidad para vivir con un conflicto y solucionarlo ellos mismos. Por tanto, no me queda más remedio que hacerme pequeño, estar presente, escuchar a ambos y esperar a que ellos mismos lleguen a una solución.

El mismo problema se da cuando me siento al lado de un niño que trabaja de forma lenta y complicada con un material, que no utiliza las posibilidades para acortar los procesos y que estructura su propia lógica con mucha dificultad. Cuántas veces está a punto de írseme la mano con la intención de señalar algo o la lengua con ganas de indicar el camino más rápido. Y una y otra vez tomo la decisión de ponerme límites a mí misma.

O un grupo de trabajo se anima, se interesa realmente por un tema. Es una oportunidad excepcional para transmitir a los jóvenes toda mi sabiduría y por fin, por una vez, enseñar. Pronto se ha excedido el límite en el que el interés original se torna en aburrimiento. Aquí se da también ampliamente la oportunidad para postergar el entusiasmo propio y aguardar la iniciativa y la curiosidad de los jóvenes. Compartir con ellos mis propias experiencias, comprensiones e intereses en la medida apropiada –ni muy poco ni en exceso– es un ámbito en el que continuamente puedo practicar cómo ponerme límites a mí misma.

En nuestro entorno, en el que los niños y los adolescentes desarrollan sus actividades y sus intereses propios, hay muchos momentos en los que noto que los niños pueden hacer algo mucho mejor que yo. Yo no tengo la menor idea de lo que me preguntan. Éste es un límite importante para mí, lo reconozco. «Eso lo sabes tú mucho mejor que yo. Siento decirte que no sé muy bien lo que me preguntas. Pero si quieres, buscamos a algún experto en esta materia.»

Toda situación nueva que se crea mediante las actividades espontáneas de los niños y de los adolescentes tiene su propia dinámica. Las reglas y los límites que les corresponden deben definirse y formularse siempre de nuevo. Esto significa practicar claridad y al mismo tiempo flexibilidad y percibir posibilidades de desarrollo para niños y adultos.

Una y otra vez se plantea la pregunta sobre si nuestros límites son «eficaces» para los niños, si con ellos aprenden cómo deben comportarse, a distinguir entre «el bien y el mal», a respetar a los demás, o todo aquello que a los adultos les pueda parecer un objetivo educativo valioso. Y una y otra vez intentamos aclarar que no nos atribuimos que educamos o que «mejoramos» a los niños. Sólo nos es posible refrenar esta tentación cuando recordamos nuestra responsabilidad de únicamente mantener relajado el entorno de los niños mediante límites. Por lo tanto, nos abstenemos de influir en los niños, pero cuando un niño está tan lleno de presión interior que se comporta sin parar de forma irrespetuosa, invitamos a los padres a buscar también en su área factores de posibles trastornos, una falta de atención u otros motivos que afecten al sentimiento vital del niño.

No podemos hablar de la tarea de mantener relajado el entorno de una escuela libre sin mencionar nuestros numerosos visitantes, es decir, la presencia de adultos que no necesariamente se han comprometido a tratar a los niños con respeto. Los padres de los niños están invitados en todo momento a pasar una mañana en la escuela. Se registran en la oficina, reciben un cartelito (rojo) en el que todos los cuidadores y los niños pueden identificarles como padres y así pueden moverse con libertad por todas las áreas. Pero, igual que a todos los visitantes, se les comunica mediante una hoja informativa cuáles son nuestras «reglas de casa». En el fondo, de ellos no se espera solamente que acaten los mismos límites y las mismas reglas que se aplican para los cuidadores. Una y otra vez sucede que uno de los padres quiere ser de utilidad con sus experiencias personales o habilidades. Antes de que esto suceda, hablamos con él y conversamos sobre cómo podría compartir sus conocimientos o vivencias con los niños o con los adolescentes de una forma no directiva.

La afluencia de visitas nacionales e internacionales también nos ha obligado a poner límites. Esto nos lo sugirieron los propios niños que se sentían como animales dentro de un zoológico por la cantidad de gente que quería ver con sus propios ojos cómo funciona realmente una escuela libre. En la actualidad tenemos un día de visita a la semana, pero es necesario apuntarse con suficiente antelación, pues debemos impedir que en el mismo día se junten simultáneamente demasiados adultos ajenos al entorno de los niños. Con el fin de permitir a un número limitado de interesados del extranjero que echen una ojeada durante cinco días, durante años se ha ofrecido un programa especial. Por supuesto, a todos los visitantes de fuera se les informa sobre las «reglas de la casa».

Todas estas reglas y límites, como ya hemos mencionado, proceden de numerosas experiencias, de problemas más o menos importantes y de nuestras comprensiones. No cabe la menor duda de que no sólo los niños maduran con las reglas cuando al mismo tiempo pueden satisfacer sus necesidades auténticas, sino que también nosotros, los adultos, podemos seguir creciendo y desarrollándonos con ellas. Cada vez que contemplamos una situación, a la vez tratando de entender el estado de los niños y procurando llegar a una decisión personal de poner límites de una forma u otra, estamos satisfaciendo la propia necesidad básica de enfrentarnos personalmente con un medio ambiente complejo, de sentirlo y de entenderlo, y de percibirnos a nosotros mismos. En el momento en que se pone un límite, todo adulto está «solitario» y tiene que valerse por sí mismo. Sólo cuando los niños nos experimentan tan presentes, sienten un respeto auténtico y pueden percibir cómo nos ponemos límites a nosotros mismos.

En cierto modo se contesta la pregunta de si una escuela libre es también un entorno relajado para adultos. No creemos que nosotros, en circunstancias en las que trabajamos en un entorno específico para el desarrollo de niños, podamos ser negligentes, pensar en primer lugar en nuestras propias necesidades o en recuperar la propia infancia. Por ello, para nosotros es importante no ofrecer este servicio especial durante más horas al día que las que podemos exigirnos postergar los impulsos propios. (También los padres necesitan tiempo para ellos mismos.)

Por otro lado, del confluir de distintas necesidades ha surgido un campo completamente nuevo que desde el año 1995 ha coincidido con un entorno relajado para adultos y para niños. Se trata de un mercado que funciona con una economía alternativa que cada sábado ofrece la oportunidad para comprar y vender sin dinero oficial, es decir, con «moneda complementaria». En estas circunstancias todos pueden comer juntos y tener un intercambio social activo sin sentirse obligados a tener que corresponder una invitación con otra. Los viernes, los niños del Pesta se ponen de acuerdo entre ellos: «¿Vas a venir mañana al mercado?». Pueden traer a sus amigos y familiares, jugar a sus anchas, los propios niños pueden administrar su «talonario», apenas sepan escribir. Los padres pueden pagar la mitad de la cuota escolar en moneda complementaria, siempre que tengan saldos positivos.

Los artistas venden sus obras, se corta el pelo, se hacen acuerdos de transacciones de bienes y servicios para la semana siguiente; un dentista, médicos, análisis de laboratorio, asesoramiento jurídico y otras actividades similares, normalmente servicios caros que de otro modo pondrían en peligro el presupuesto, pueden liquidarse aquí según se acuerde total o parcialmente por medio de los registros que en este sistema se llevan prolijamente.

En definitiva este enfoque de *libertad con límites* nos hace conscientes de nuevas posibilidades y soluciones más satisfactorias que no se limitan únicamente a la convivencia con niños. Nos permite defender nuestras convicciones con firmeza frente a intromisiones o desazones del exterior, pero sin una actitud dogmática, por ejemplo, sin que estemos en posesión de las respuestas correctas a los problemas del mundo. Es el camino que hemos elegido y una y otra vez nos tomamos la libertad de orientarnos de nuevo en él, no seguimos ningún sistema cerrado, nos permitimos el lujo de aprender de nuestros propios errores sin por ello ser infieles a la dirección que nos hemos fijado: respetar los procesos de vida, tanto los nuestros propios como los de los demás.

BIBLIOGRAFÍA

DITFURTH, H. von: *Der Geist fiel nicht vom Himmel*. Hamburgo: Hoffmann und Campe, 1976.

HENGSTENBERG, E.: *Entfaltungen. Bilder und Schilderungen aus meiner Arbeit mit Kindern*. Freiamt: Arbor, ²1993. Trad. castellana: *Desplegándose: imágenes y relatos de mi labor con niños*. Barcelona: La Liebre de Marzo, 1994.

KIRSCH, H.-C.: *Mit Haut und Haar*. Múnich: List, 1990.

KOESTLER, A. *The Ghost in the Machine*. Londres: Arcana, 1989.

KORNHUBER, H.: «Mechanisms of Voluntary Movement». En: W. PRINZ / A. F. SANDERS (eds.), *Coginition and motor processes*. Berlín: Springer, 1984

LACEY, J. / LACEY, B.: *Conversations between Heart and Brain. Bulletin of Mental Health*, marzo, 1987.

MANDER, J.: *In the Absence of the Sacred*. San Francisco: Sierra Club Books, 1992. Trad. castellana: *En ausencia de lo sagrado*. Palma de Mallorca: José J. de Olañeta, 1996.

MATURANA, H., VARELA, F. J.: *Der Baum der Erkenntnis. Die biologischen Wurzeln des menschlichen Erkennens*. Múnich: Goldmann Taschenbuch, 1990. Trad. castellana: *El árbol del conocimiento*. Barcelona: Editorial Debate, 1996.

MATURANA, H.: *Liebe und Spiel*. Heidelberg: Carl-Auer-Systeme, ²1994.

MONTESSORI, M.: *Kinder sind anders*. Stuttgart: Klett-Cotta, ¹³1993.

— *Das kreative Kind*. Friburgo: Herder, ¹²1997.

PIKLER, E.: *Lasst mir Zeit*. Múnich: Pflaum, 1988.

— *Miteinander vertraut werden. Erfahrungen und Gedanken zur Pflege von Säuglingen und Kleinkindern*. Freiamt: Arbor, ²1997.

ROGGE, J.-U.: *Kinder brauchen Grenzen*. Reinbek: Rowohlt, 1997.

SACKS. O.: *Stumme Stimmen. Reise in die Welt der Gehörlosen.* Reinbek: Rowohlt Taschenbuch, 1990. Trad. castellana: *Veo una voz: viaje al mundo de los sordos.* Madrid: Anaya & Mario Muchnik, 1994.

SHELDRAKE, R.: *A New Science of Life.* Rochester: Inner Traditions, 1995. Trad. castellana: *Una nueva ciencia de la vida: la hipótesis de la causación formativa.* Barcelona: Editorial Kairós, S. A., 1990.

— *Die Wiedergeburt der Natur.* Múnich: Scherz, 1991. Trad. castellana: *El renacimiento de la naturaleza: la nueva imagen de la ciencia y de Dios.* Barcelona: Ediciones Paidós Ibérica, S. A., 1994.

— *Sieben Experimente, die die Welt verändern könnten.* Múnich: Goldmann Taschenbuch, 1997. Trad. castellana: *Siete experimentos que pueden cambiar el mundo: una guía para revolucionar la ciencia.* Barcelona: Ediciones Paidós Ibérica, S. A., 1995.

— *Das Gedächtnis der Natur.* Múnich: Scherz, 1998.

WILD, R.: *Erziehung zum Sein.* Freiamt: Arbor, [8]1996. Trad. castellana: *Educar para ser: vivencias de una escuela activa.* Barcelona: Herder Editorial, S. L., 2005.

— *Mit Kindern leben lernen. Sein zum Erziehen.* Weinheim y Basilea: Beltz, 2002 (1998).

— *Kinder im Pesta. Erfahrungen auf dem Weg zu einer vorbereiteten Umgebung für Kinder.* Freiamt: Arbor, 1993.

214